# O Caminho Zen

Eugen Herrigel

# O Caminho Zen

*Tradução:*
YOLANDA STEIDEL DE TOLEDO
ZILDA HUTCHINSON SCHILD SILVA

*Prefácio:*
MONJA COEN

Editora
Pensamento
SÃO PAULO

Título do original: *Der Zen-Weg.*



5ª edição 2011 (catalogação na fonte 2010).

2ª reimpressão 2017.



**Dados Internacionais de Catalogação na Publicação (CIP)**
**(Câmara Brasileira do Livro, SP, Brasil)**

Herrigel, Eugen, 1884-1955.
O caminho zen / Eugen Herrigel ; tradução Yolanda Steidel de Toledo, Zilda Hutchinson Schild Silva ; prefácio Monja Coen. — 5. ed. — São Paulo : Pensamento, 2010.

Título original: Der Zen-Weg. Bibliografia ISBN 978-85-315-1704-4
1. Espiritualidade 2. Zen Budismo I. Monja Coen. II. Título.

10-14093 CDD-294.3927

**Índices para catálogo sistemático:**
1. Zen Budismo : Religião 294.3927

Direitos de tradução para o Brasil
adquiridos com exclusividade pela
EDITORA PENSAMENTO-CULTRIX LTDA.
Rua Dr. Mário Vicente, 368 — 04270-000 — São Paulo, SP
Fone: (11) 2066-9000 — Fax: (11) 2066-9008
E-mail: atendimento@editorapensamento.com.br
http://www.editorapensamento.com.br
que se reserva a propriedade literária desta tradução.
Foi feito o depósito legal.

# Sumário

# Prefácio

O Caminho Zen principia em você.

Aqui e agora.

Lendo este texto.

Como está sua respiração? Percebe a luz e a sombra? E os batimentos cardíacos?

Calor? Frio? Temperatura ambiente.

E lá fora? Há um lá fora?

Sem fora nem dentro.

Sem apegos e sem aversões.

O Caminho Zen está aberto.

Venha devagar, em plena atenção.

Não se apresse. A beleza do caminho está no caminhar.

Onde leva o Caminho Zen?

Talvez não leve a lugar algum.

A Terra do Nada?

Como é essa terra?

O que é o nada?

Vazio.

Vazio de intenções.

Vazio de uma identidade fixa e permanente.

No Caminho Zen há pedras e rochas, montanhas e rios.

Há cidades e vilas, crianças carentes e crianças fartas de tudo.

É preciso apenas abrir os canais de percepção.

Zen, sonora pequena palavra de uma só sílaba, teve sua origem em Dhyana ou Jhana, do sânscrito, significando meditação.

O verbo meditar em português é transitivo direto, isto significa que exige um objeto.

Para meditar temos de ter um objeto de meditação.

Mas o Zen é sem objeto. Sem sujeito e sem objeto.

Como pode ser isso?

O objeto é o próprio sujeito.

A mente observa a própria mente.

Transcende.

Não se prende à ideia de "minha mente" separada da "grande mente".

Somos a vida do universo em manifestação.

Não somos parte do todo.

Somos o todo, cada um de nós é o todo se manifestando em sua pluralidade de formas.

Forma é vazio.

Nada fixo, nada permanente.

Este livro, no momento, é um livro. Mas cada folha é uma árvore. Cada árvore é céu e terra, animais e insetos, minérios, água, fogo, vento. Num processo contínuo e ininterrupto.

Este livro é não livro. Os ensinamentos são não ensinamentos. O Caminho Zen é o não Caminho. E o Zen é tudo que não é o Zen. Você pode me entender?

Isto é Zen?

Onde o Caminho Zen começa? Será que tem fim?

Caminhando. Cada passo é cada passo. Diferentes solos, texturas, plantas, oceanos, praias, espaços, diferentes fragrâncias, odores, fedores, belezas e horrores. Diferentes estamos também nós, a cada momento.

Fluindo, fluímos com o fluir da vida.

No tempo, somos o tempo.

Esta nova edição do *O Caminho Zen* relembra os relacionamentos mestre-mestra, discípula-discípulo. Fala de monges sábios e questionadores à procura da Verdade. Adverte contra as armadilhas da própria mente e inspira a prática na vida diária, reconhecendo que somos o próprio Caminho.

Leia com atenção meticulosa.

Questione sua compreensão, como se houvesse uma bola de ferro em brasa na sua garganta, a qual não pode ser cuspida nem engolida.

Liberte-se de todas suas amarras intelectuais. Permita-se compreender o incompreensível.

Penetre e se aprofunde na sabedoria suprema e na compaixão infinita de todos e todas Budas e Bodisatvas.

Abra e percorra o Caminho Zen.

Que todos os seres se beneficiem e que possamos todos nos tornar o Caminho Iluminado.

Mãos em prece.
Monja Coen

# O Caminho Zen

## Dos apontamentos de Eugen Herrigel

*Os mestres zen são eternos peregrinos.*

Em si e para si a palavra é menos que o pensamento e o pensamento menos que a experiência. A palavra é o filtro, e o que nela se sedimenta é o que resta de melhor. Platão, na 7ª carta: "Um homem severo que se ocupa de coisas sérias não deveria escrever."

*Precisaríamos viver muitas Vidas para compreender e ser a verdade do Zen.*

# O Zen e a Concentração Mística Segundo o Budismo Clássico

Apenas pelos fundamentos metódicos da existência, a mística budista já se destaca visivelmente da mística do resto do mundo. Ela elevou a concentração a uma arte em que a técnica não só desempenha devidamente o seu papel, como o faz nas demais artes, mas ocupa um espaço extraordinariamente amplo. Com isso, ela granjeou um mérito de incalculável alcance, fazendo com que a prática do misticismo não dependesse do mero acaso. De igual modo, ela descreve o conjunto dos trabalhos que levam à concentração (*Entsinkung*) como "Caminho". Em parte nenhuma, porém, esse caminho ou método de concentração adquiriu um sentido tão fundamental.

O Extremo Oriente deve muito ao caminho de Buda. Ele fez surgir um tipo específico de sacerdote. Que não se pergunte aqui se, ao mesmo tempo, o nível alcançado em todas as partes do mundo pelo Budismo se manteve até os nossos dias. Também não se questione se da rigidez do método se originou a rotina, se da iluminação surgiu o conhecimento científico.

Trataremos aqui do Zen-budismo. E, também com referência ao Zen, não se discutirá quando nem como ou através de quem ele se originou e sim, apenas, por que o

Zen — que fazia parte do Budismo — escolheu metodicamente um caminho diferente do da clássica concentração mística budista.

É digno de nota que, no Budismo, a *Iluminação* — sob o puro aspecto das verdades com as quais se inicia o trabalho da meditação, no contexto abstrato e despojado de conotações de sentimento — regresse aos conhecimentos que impelem à fuga do mundo sendo, portanto, sancionada pela imortal vivência de Buda, enquanto ainda não iluminado e apenas iniciado no Caminho. Disso então não se infere o fato de, por assim dizer, o tema se tornar ideia fixa para os que meditam?

Para o budista a vida é sofrimento. Mas, como seria, se outra fosse a vivência primitiva, se a vida transcorresse na alegria e se o mundo fosse vivenciado em bem-aventurada harmonia? Não deveria, por causa disso, ser excluída a iluminação? Pois então seria incompreensível a razão para o homem libertar-se de um mundo belo e harmonioso. Por este caminho de meditação, portanto, não se consegue o desprendimento. Não se alcança o lado de lá do pensamento e do não pensamento, da vontade e da não vontade, etc., mas simplesmente o ponto zero, que é tido como o além. Com que se completará, então, a *Unio*? Apenas na medida em que a pessoa que se concentra se liberta daquilo que não pertence ao seu próprio ser e, com isso, encontra apenas em si mesma a base mais profunda desse ser.

Por conseguinte, seria necessário e talvez possível realizar exercícios de aprofundamento e concentração sem um tema predeterminado, iniciando assim um Caminho no qual não se encontrasse apoio em nada de firme e objetivo — e igualmente despojado de toda visão predeterminada do mundo, do mesmo modo que a existência nem fosse sofrimento nem alegria, nem repleta de amor nem de ódio, mesmo que efêmeros. A visão do mundo, com mais forte razão, deve provir inicialmente da iluminação! Que esta iluminação existe o próprio Buda o afirmou. Talvez ela fosse diferente se nada se dissesse a respeito. Que isto pode ser possível, deduz-se do Caminho de Buda. Existe nele uma fase de indiferença, em que o homem permanece no marco zero, entre o saber e o não saber, e se desliga de tudo. Mas, na concentração budista, a pessoa traz más impressões das etapas precedentes.

Que aconteceria se iniciássemos logo assim? Se simplesmente nos exercitássemos na concentração, tornando-nos totalmente vazios, sem objetivo? Se tivéssemos a coragem de esperar pelos acontecimentos?[1]

---

1. Ernest Benz, em *Zen in westlicher Sicht*, assume esta posição como início de uma ocidentalização do Zen. Herrigel recomenda que se comece onde o monge zen chega ao fim de seus esforços.

Contudo, não se trata aqui de recomendações, nem de um método especial que Herrigel tenha inventado para uso próprio. Trata-se, isto sim, de considerações sobre o modo como pode alguém se esclarecer e compreender que, no desenvolvimento histórico do Budismo para Zen-budismo, da clássica prática da concentração mística, com seus diversos níveis e seu programa firmemente estabelecido, surgiu uma sobrecarga dogmática (viver = sofrer). Isso, em todo caso, é um fato, um assombroso fato na história do Zen e, para

Este era o Caminho zen. Impossível provar há quanto tempo se busca assim o Nada. Que isso foi alcançado, prova-o, todavia, a existência do Zen na China e no Japão. E que foi brilhantemente alcançado, prova-o o vigor do Zen até os dias de hoje. O que permanece incompreensível é apenas o seguinte: que base deve ter o devoto zen para a solução da existência, conservando totalmente neutra a sua visão do mundo? Pode-se dar historicamente uma explicação. O devoto zen sabe que existe a iluminação e, para esta, um Caminho. Posteriormente, porém, ele poderia declarar que as experiências realizadas seriam a *Grande Libertação*. De quê? Em que sentido? Para isso o *todo* dá a resposta.

---

esse processo histórico, o interessado desejará uma explicação. Herrigel buscou-a — fazendo abstração de todas as circunstâncias históricas acessórias e anexas — atendo-se ao que é fundamental.

Daqui em diante surge, no tema da ocidentalização do Zen, uma conclusão muito interessante: a de ser uma questão aberta, a de saber se a possibilidade da ocidentalização do Zen não reside no próprio Zen-budismo: no seu distanciamento da mística clássica primitiva, no relativo desligamento da pessoa de Buda e na desdogmatização do Budismo — traços estes que tornam atraente, para o europeu, precisamente essa forma de Budismo.

# A Originalidade do Zen
## (Baseado na mística europeia)

No Zen, o ser humano não tem absolutamente a posição central, como na mística europeia, na qual a *unio mystica* surge como a exaltada, ditosa e obrigatória preferência do homem. Ele, apenas ele, entre todos os seres, é chamado a ela e, ao alcançá-la, abandona o estado de ser e parte para fora do mundo. Êxtase: eis como se denomina essa saída, essa perda, esse reencontro do eu; essa morte, esse renascimento. O que o homem reencontra é o seu próprio centro, o seu eu basicamente inalienável, o qual, na *unio*, é conservado e, portanto, protegido. Em Deus, na Divindade — ou como quer que se denomine isso na mística europeia, com o que e em que se sucede esta *unio* —, o eu não será definitivamente apagado, mas será salvo, abençoado e anulado. Apenas transitoriamente, apenas a bem da unidade (que não suporta a dualidade) será promovida a Despersonalização, pois Deus só integra a alma que lhe ofereça a sua faculdade de ser como último e mais elevado sacrifício e que já não lhe oponha a menor resistência. Consumado esse nascimento, a alma torna-se um centro autorizado por Deus para existir e viver por si, como uma roda a girar.

No Zen, ao contrário, a existência humana como tal é estática e excêntrica, provenha ou não do íntimo do ser humano. Quanto mais o homem se sentir como um Eu, buscando elevar-se, numa aproximação de plenitude realmente inalcançável, tanto mais resolutamente ele se afasta do centro do Ser, que não é — ou não é mais — o seu próprio centro, já que ele se distanciou.

Para o zen-budista, além da vida humana tudo o que existe vive: vivem os animais, as plantas, as pedras, a terra, o ar, o fogo e a água; simplesmente, tudo isso vive no centro do Ser, sem abandoná-lo e sem o poder de fazê-lo. Se o homem, extraviado e confuso, quiser alcançar a tranquilidade e a inocência do viver daqueles que tão comprovadamente o conseguiram, por serem basicamente isentos de más intenções, nada mais lhe resta senão um regresso radical. Ele deve voltar ao caminho de que se afastou para tomar um atalho por causa de mil temores e necessidades; ele deve despojar-se de tudo o que pretendera trazer consigo, renunciar à magia atraente da vida por sua própria força de vontade e retornar à "Casa da Verdade", de onde saíra espontaneamente para caçar fantasmas, mal atingira a adolescência. Ele não precisa "tornar-se como as criancinhas", e sim como a floresta, o rochedo, as flores e as frutas, como o tempo e a tempestade.

No Zen, a *unio* significa a volta ao lar, o restabelecimento de um estado primitivo, embora perdido. E assim deve o homem — a fim de poder viver a partir do centro, como os animais e as plantas e tudo o que existe — encetar um caminho que nega tudo aquilo que nele é excêntrico.

No Extremo Oriente, esse retorno, esse regresso não é deixado ao acaso, mas pode ser provocado na vida das pessoas. Isso acontece sobretudo no Japão. No Zen-budismo, esse caminho é percorrido metodicamente.

Em contraposição à mencionada compreensão da existência do Zen-budismo, poder-se-ia com razão, a título de objeção, afirmar que, em sua longa história, o japonês nunca se distanciou de modo tão irrevogável da Natureza quanto, comparativamente, o homem europeu. Isso é, sem dúvida, exato e documentável, não só por um olhar dirigido à vida cotidiana mas, ainda mais claramente, pela arte do Extremo Oriente. É imprescindível, porém, assinalar que, nem a ininterrupta proximidade da Natureza significa, ainda que remotamente, a proximidade do Zen. A Natureza, tenha dela o homem a concepção que tiver, não é absolutamente aquela verdade universal da qual o gênio zen nos faculta viver. Mas igualmente nada se prova com a insinuação de que o homem do Extremo Oriente — e especialmente o japonês — se tenha subtraído ou buscado se subtrair a todos os liames impostos pela tradição, não obstante a modernização de sua vida sob os aspectos comercial, político e técnico. Este argumento não produz efeito nem atinge o âmago da questão. Quando o Zen-budismo entrou no Japão, não se falava ainda em modernização de vida. Conquanto os homens vivessem ainda em ininterrupta proximidade com a Natureza e sob o encanto de uma tradição inquestionavelmente aceita, o Zen-budismo de modo nenhum se absteve de considerar essa existência resguardada como excêntrica, decadente e, finalmente, como culposa.

Para o Zen-budismo existe uma queda e, como isso, uma culpa na possibilidade de o homem continuar vivendo livremente por si mesmo. O homem se sente, e vive, como um eu separado. O egocentrismo leva-o ao egoísmo, à autoafirmação e ao endurecimento do coração, limitando exageradamente tudo que se refira ao não eu. Ele se sente e se situa no Centro, se não conscientemente, pelo menos inconscientemente. Esse desenvolvimento tende a acentuar-se, mas não é necessário levá-lo ao extremo. Para o Zen-budismo, as primeiras emoções egoístas da criança são inevitáveis e destrutivas. Eis por que não se pode alegar que o oriental algum dia tenha se distanciado tanto da Natureza como o europeu, pois vive ainda preso às tradições. Isso não impede que ele, ainda assim, viva lutando contra o egocentrismo, e por isso ele está longe de viver por si mesmo, como se fosse vivido e vice-versa.

O perigo especial consiste no fato de o homem, ingenuamente, não saber disso e, se lhe explicarmos, não o poder entender. O desfiguramento da existência está relacionado com o seu egocentrismo. Seu olhar está perturbado. Ele não pode, portanto, nem comparar nem perceber a diferença entre o que ele é e o que ele deveria ser, pois tanto o que ele é como o que ele deveria ser não pode ser descrito antecipadamente. Não se trata de um outro estilo, de uma outra direção para a sua vida cotidiana, nem se trata de uma imagem que ele possa tornar real; não se trata de nada que ele possa executar com consciência, vontade, seriedade e senso de responsabilidade, trata-se de algo totalmente diferente: algo que lhe escapa por completo, alguma coisa que só pode ser alcançada mediante uma transformação básica, por meio da "mudança".

Sobre isso, o Budismo não prega. Seriam apenas palavras. O Budismo espera por aqueles que se sentem constrangidos e incertos, impulsionados por uma secreta saudade.

No que se segue, apenas será descrito o andamento da educação e da transformação dos seres que foram levados a percorrer esse caminho nos claustros zen-budistas do Japão.

Antes, porém, seria apropriada outra observação geral. Aquele que tiver a possibilidade e a sorte de conhecer zen-budistas japoneses, num convívio duradouro, não se furtará à tentação de observá-los mesmo nas mais corriqueiras manifestações da vida diária, como se desse modo fosse possível desvendar o enigma que eles propõem. Pois ficará profundamente sensibilizado quem tiver contato com pessoas dessa casta especial. Não apenas por seus atos e pelo que deixam de fazer, pelas palavras e pelo silêncio, eles parecem estar sob uma estrela especial; mas igualmente por seu comportamento espontâneo, por sua maneira de estar de pé, por seu jeito de andar, de tomar chá, ou pelo modo de espantar um mosquito importuno. É como se o mundo em que vivem impregnasse sua existência de uma forma incomparável, de tal modo que nada acontecesse com eles, ou à sua volta, que já não se tivesse manifestado ou que não venha a se manifestar no campo dos sentidos — centro invisível que determina a categoria e o destino de sua existência. Eles próprios jamais comentam sobre o que os comoveu, ou não os comoveu profundamente e não estão condicionados ao impulso de revelar seus conhecimentos. Com um sorriso impenetrável, eles evitam os pesquisadores e fingem não ouvir as perguntas que revelem simples curiosidade. Só conseguem aproximar-se de seus segredos as pessoas que também quiserem vivenciá-los, ingressando no Caminho.

# O Aprendizado nos Claustros Zen-budistas

Os jovens noviços do Extremo Oriente, destinados ao sacerdócio, raramente vão para o claustro por iniciativa própria. Na maioria dos casos, obedecem ao desejo dos pais. Tais noviços, no entanto, se identificam de tal maneira com esses desejos que eles parecem advir do seu próprio íntimo. De outro modo, não encontrariam tranquilidade. A carreira de um sacerdote, aliás, não é propriamente sedutora; é vida severa, repleta de privações e, no entanto, tão compensadora pela riqueza interior que eles não poderiam trocá-la por qualquer outra coisa. Além disso, acorrem outras pessoas aos exercícios, nas salas de meditação dos claustros budistas: discípulos de todas as idades, que se preparam para uma profissão ou já fazem parte dela, dentre as quais artistas de todos os tipos, são especialmente bem-vindos. Eles acorrem — para uma permanência temporária — apenas por iniciativa própria, não só tocados de alguma forma pelo espírito do Zen, mas com a convicção de que o contato mais íntimo com o Zen lhes oferece alguma coisa, tanto na profissão como na vida pessoal, o que não pode deixar de ser levado em conta.

Através de suas experiências de vida e de profissão, esses discípulos mais velhos estão formados, e de algum modo são experientes. E isso é importante para que sejam escolhidos e admitidos; é importante para que sejam descobertos pelo Mestre. Eles já estão num círculo de deveres mais ou menos delimitados, já aprenderam a se colocar a serviço de alguma coisa, a se prontificar ao dever; talvez já tivessem feito algum estudo sobre a vontade e a compreensão. Por mais surpreendente que possa parecer, eles dão valor a isso. Depois, eles aprenderão a concentrar-se por meio da meditação, o que envolve a capacidade de permanecer concentrados num só e mesmo assunto durante horas, dias e semanas. Isso mostra a firmeza e a perseverança de vontade e, de igual modo, a clara compreensão. As pessoas tipicamente sensíveis — ao contrário do que se poderia esperar — acham difícil e não conseguem se concentrar. É um alívio o fato de o homem japonês ter aprendido a cumprir seus deveres com a maior naturalidade, mesmo sem inclinação. Este é o único ponto — creio poder afirmá-lo — em que o japonês compreende e aprova o caráter de "dever" do "Imperativo Categórico". Desse modo, dá-se grande valor ao caráter moral, como também à observação da ética social — não que os estudantes nisso permaneçam indefinidamente. O Zen considera este ponto de vista como um estágio inicial.

Aqui, a conduta ética não é o próprio fim, mas apenas um meio de estabelecer um regulamento, no início, indispensável.

Esse aprimoramento da vontade e da compreensão é completado e apoiado por uma dieta frugal adequada, por exercícios físicos para a recuperação, e a isso se acrescenta o tempo suficiente de sono em cama dura. Predomina uma disciplina severa. Exige-se pontualidade, força de vontade, autocontrole, resistência ao calor e ao frio e indiferença quanto ao tempo.

Essas características explicam a influência do Zen-budismo na ordem dos Samurais; na verdade, é fácil compreender por que o "espírito" do samurai foi consideravelmente determinado por ele.

Ainda hoje é célebre o ensino do tiro com arco e da luta de espada, por meio de rigorosos exercícios. As lições são preferencialmente marcadas para as primeiras horas da manhã, durante as quais o aluno está em jejum. A diversidade das estações não tem importância. As horas preferidas são as mais frias ou as mais quentes.

Para os noviços mais moços adota-se outro estilo: sob todos os aspectos eles são principiantes, páginas em branco. O Mestre precisa antes conhecê-los para depois orientá-los no Caminho zen. Por isso, sua atividade no início é diversa da que poderiam esperar. Os discípulos têm de fazer a limpeza dos aposentos, têm de executar os trabalhos da cozinha, do campo e da jardinagem. Enquanto trabalham, são observados pelos Mestres. Mas nisso não conta apenas o ritmo, a habilidade e o bom gosto; são mais importantes a boa vontade, o zelo, o escrúpulo, o desprendimento e a solicitude. Os noviços também passam por um tempo de prova, vigiados pelo infalível olhar do Mestre. Aquilo em que menos este repara é no modo como eles agem em relação ao Mestre, porque ser tratado com veneração é natural, embora não muito esclarecedor. O modo como se comportam com os companheiros e os assuntos sobre os quais conversam não são bastante característicos, porque também no claustro a atmosfera e o estilo moldam um padrão a que eles podem se adaptar — ou fingir que se adaptam. Reparar no que o noviço deixou de fazer é, com frequência, mais importante do que observar o que ele fez.

Em contrapartida, o comportamento em relação às coisas e aos objetos de culto revela bastante sobre o noviço, se este não souber que está sendo observado. Esse comportamento o denuncia e os Mestres o conhecem bem. Eles conseguem deduzir muito mais sobre o noviço do que a grafologia é capaz de deduzir da escrita de alguém. O Mestre é áspero, rigoroso, lacônico com seus discípulos, como se na verdade fosse um inimigo. Mas trata-se de uma severidade que nasce da bondade e independe do humor e dos sentimentos. O Mestre é infalível e consequente. Há, mesmo na história do Zen-budismo, exemplos de Mestres impiedosos. O discípulo ainda não sabe reconhecer que tudo provém da caridade, como virá a entender depois.

Quando, porém, o discípulo se adiantar até este ponto, começa a instrução propriamente dita, que pode ser chamada, embora com reservas, de "espiritual". Essa disciplina espiritual específica começa com a purificação da força de *contemplação*. Exige-se essa contemplação mais tarde a fim de possibilitar a compreensão da plenitude material do presente, e, em dadas circunstâncias, também se insiste na contemplação de aspectos ofensivos e desagradáveis. Pode-se dizer que, cada vez se deve renovar a concentração no conteúdo da percepção, até decorá-lo e evocá-lo à vontade, de modo a percebê-lo em toda sua sensualidade.

Quando isso acontecer com facilidade, é preciso aprender a se sobrepor a esse fato, a captar o objeto da contemplação a partir da sua essência, examinando-o e procedendo como um artista que resume e representa, em poucos traços, o que viu. Com isso, torna-se fácil compreender o quanto a arte deve ao Budismo.

Quando tudo isso for dominado com maestria, então se evidenciará uma elevação: paisagens, campos floridos, rebanhos e multidões de pessoas poderão ser apreendidas pelo olhar, de tal maneira que, apesar da floresta, ainda se vejam árvores; todavia, na diluição de seu conteúdo real, permanece ainda em cada ser individual o caráter do todo, e esse todo é apreendido como se fosse um imenso resumo.

Para concluir, também essa intuição sobre as coisas puras deve sobrepujar o próprio mundo, os espaços vazios e, por fim, o espaço infinito deve ser imaginado para que se possa aumentar esse poder de contemplação. É possível que tudo se passe no indeterminado; seja como for, no entanto, essa prática não deixa de exercer alguma influência.

Exercitar a capacidade contemplativa não conduz apenas à elevação da faculdade de concentração; a pessoa com experiência mística, consciente da realidade da vida, também sente, como se verificará mais tarde, necessidade de um aumento da capacidade de contemplação.

Somente quando essa capacidade for alcançada é que se inicia o trabalho próprio da meditação.

## *Exercícios Respiratórios*

O que se denomina, com reserva, instrução básica "espiritual" designa os exercícios respiratórios na "posição de lótus". Para o japonês é fácil aprender essa posição, visto que, desde criança, ele se senta com as pernas dobradas sobre almofadas de seda, e só na escola aprende a sentar-se em bancos e cadeiras. Para o europeu este modo de sentar é inicialmente doloroso e, portanto, perigoso, porque a atenção não deve ser desviada. Por essa razão, ele deve se contentar em sentar-se de pernas meio cruzadas ou numa cadeira. Quem consegue, sem esforço, a "posição de lótus", no entanto, admite que ela produz uma sensação de perfeita solidão. Do conforto na posição sentada depende muita coisa, pois a respiração deve conduzir ao perfeito relaxamento corporal, o que se alcança pela concentração no ato de respirar. Respira-se e inspira-se em ritmo natural, mas cada respiração se processa conscientemente e, no início, é até contada. Dá-se maior importância à expiração, pois ela tem o efeito de descontrair. Quanto melhor se consegue isso, tanto mais imune se torna a pessoa às impressões exteriores. Essas, afinal, quase não são sentidas ou levadas em consideração. Simultaneamente, surge um relaxamento. No final, a pessoa torna-se apenas respiração, ela é respirada. A respiração, uma vez deixada a si mesma — ou antes, sem ser observada ou notada —, encontra seu próprio ritmo. Abranda-se até o mínimo suficiente. (Nisto há, de fato, o perigo de cochilar, contra o qual, na educação claustral, aplica-se a bastonada, isto é, o assustador toque com uma longa vara.)

Mas esse também é o momento em que, quanto mais vigorosamente o exterior for desligado, tanto mais se manifesta o interior. Esse desligamento em relação à atração exercida pelas fontes de experiências exteriores é o que o Mestre visa a obstruir.

Não deve o discípulo se admirar de nada que possa vir à luz, por mais humilhante que seja. Ele deve aceitar tudo tranquilamente, como se fosse um simples espectador desinteressado, observando um acontecimento com o qual nada tem a ver. É preciso deixar passar tudo, sentir tédio até, ouvindo apenas com metade da atenção. O resultado é, finalmente, um completo silêncio que respira, sem ser percebido.

Ele desaparece totalmente, todavia, assim que a atenção, outra vez despertada, se desviar para algo novo. Com esta solicitação, inicia-se outra série de exercícios, em que a concentração está relacionada com a meditação. Esses exercícios são realizados na sala de meditação ou num aposento especial, que não deve ser excessivamente claro, mas deve ser fresco, tranquilo e calmo. De vez em quando o discípulo é interrompido para intervalos, durante os quais anda pelo jardim, embora sempre mergulhado na solução do problema.

## *O Koan*

O contrário da meditação é o assim chamado Koan, que exige os mais altos esforços e não permite sonhos aleatórios.

Alguns exemplos de Koans:

Quando teu espírito não estiver ocupado com o dilema entre o Bem e o Mal, quais serão tuas feições originais antes de teres nascido?

Quando encontras na rua uma pessoa que alcançou a verdade, não podes passar por ela nem falando nem calado. Ora, como então estabelecer o contato?

O sacerdote Shusan mostrou à assembleia dos monges o bordão (chamado *shippei*, que os Mestres dos antigos tempos levavam consigo como cajado e mais tarde como símbolo de sua dignidade) e disse-lhes: "Quando vocês chamam a isto bordão, é ofensivo. E, se não o chamam de bordão, está errado. Digam, pois: como se há de chamá-lo?"

Haku-in (o mais importante dos Mestres zen do Japão, ao qual se atribui essencialmente o método Koan de meditação) costumava levantar a mão para o ar e ordenar aos discípulos que lhe ouvissem o som. Como pode ser isso?

Sobre este último Koan, tentarei esclarecer, bem ou mal, qual o Caminho que a pessoa que medita pode escolher, e até onde ela pode chegar.

Durante horas, dias, semanas, o discípulo ruminou sua tarefa. Na mais profunda concentração, examinou a fundo o problema, em todas as direções, considerando todas as possibilidades. Sem dificuldade, tornou-se claro para ele que só se pode produzir som por meio das duas mãos, batendo uma contra a outra, e que a resposta só poderia ser: nem com a máxima boa vontade se pode ouvir o som de uma só mão. Mas a solução não poderia ser tão simples. Talvez fosse mais cauteloso responder: uma só mão não produz som audível para ouvidos humanos. Com essa resposta também não se vai mais longe.

A ênfase não deve estar no som e na sua audibilidade. Isso parece mais um detalhe acessório para complicar o problema. O âmago da questão é provavelmente: o que significa uma só mão em contraposição a duas? Não se referiria isso às distinções fundamentais entre o Um incontrastável e a Dualidade do que lhe é contraposto? Portanto, a mão única é símbolo de um *princípio* — essa solução é recomendada manifestamente porque tal diferenciação desempenha papel decisivo no Budismo, e a ela são feitas frequentes referências. Com esta solução parece ter sido encontrado algo de definitivo.

O discípulo dirige-se, portanto, ao Mestre, a quem tem o direito de fazer perguntas uma vez por dia. Apresenta sua solução, orgulhoso e entusiasmado. O Mestre ouve, sacode a cabeça e, sem uma palavra de esclarecimento, manda o discípulo confuso de volta à sala de meditação. Pode acontecer que o Mestre nem deixe o discípulo abrir a boca e o mande embora assim que ele abrir a porta. Abandonado a si mesmo, ele torna a se concentrar. Deseja distinguir-se, sobressair aos olhos do Mestre. Medita intensamente, procura forçar a solução. Mas, ainda que pense e repense, não encontra outro resultado. Por que, então, o Mestre o rejeitou? Talvez por ter se expressado desajeitadamente? Reflete sobre a formulação de suas frases. Volta ao Mestre. Esse torna a expulsá-lo, desta vez com uma declarada desaprovação. Mas o discípulo não percebe ainda onde está o seu erro. Encontra-se o aluno agora numa estranha situação. Se está tão distante da solução, jamais alcançará o alvo? Reúne suas forças. Agora é questão de vida ou morte! Não apenas com as considerações do intelecto, mas com as forças reunidas do corpo, da alma e do espírito, atira-se ele ao problema com apaixonada energia, e não mais o deixa. Atormenta-se com ele, mesmo durante as pausas para descanso, durante as refeições e a prática do trabalho cotidiano. O problema o acompanha mesmo durante o sono. Não precisa mais se forçar a pensar nele. Mesmo que quisesse se distrair, o problema continuaria sendo pensado por ele. Debalde! A solução não quer aparecer. O discípulo duvida da própria capacidade, desespera-se e em nenhuma parte encontra conselho. Do desespero total salva-o sempre a advertência do Mestre para que intensifique a concentração, de tal modo que as emoções não o molestem mais. Deve, pois, aprender a esperar com paciência e confiança, até que aquilo que não se deixa forçar amadureça e, por si mesmo, apareça.

O discípulo muda de atitude. Agora não necessita mais de desmembrar o problema para examiná-lo; isso já foi feito até a saciedade. Não pensa mais nisto e naquilo, de trás para diante e de diante para trás, numa só mão ou em duas, em princípios e coisas afins, nem tampouco na solução para forçar o seu aparecimento; não obstante, está relacionando tudo com ela, numa inconcebível tensão espiritual. Como um morto de sede, almeja um gole refrescante. Comporta-se, no entanto, como alguém que deseja se lembrar de algo esquecido. Busca com todas as forças essa lembrança, pois disso depende a sua vida.

Com essa disposição de espírito, pode acontecer que a solução lhe surja repentinamente, sem ser pressentida. Ou antes, um chamado, um ruído forte ou, em casos obstinados — antes não se cogitava nisso —, um contato doloroso, que leva a tensão a explodir. Como é emocionante esse momento, anunciado por temores e suores! Mas é reconfortante também; agora ele vê claramente o que até então estava embaralhado: vê a floresta a despeito das árvores, como se escamas lhe caíssem dos olhos. Experimenta a sensação de estar liberto, tão fulminante e tão duradouro é esse acontecimento. No entanto, ele mal pode compreendê-lo.

## O Satori

Com esse estado de ânimo, ele se dirige ao Mestre. Já não vai orgulhoso e entusiasmado e, sim, contrafeito e incerto. Diante do Mestre, ele emudece, não consegue enunciar o que para ele próprio está imensuravelmente claro. Ou balbucia, incoerentemente, palavras que se precipitam; e envergonha-se de apresentar essa solução.

O Mestre o compreende imediatamente. Talvez já tenha percebido, assim que o discípulo abriu a porta, que agora há um fato real, uma experiência verdadeira: *O Satori*, a *Iluminação*. Ele acalma e fortalece o discípulo.

Que aconteceu com ele? O discípulo não encontrou novo significado, novos pensamentos. Encontrou muito mais: descobriu que doravante ele *vê* a solução, como se um novo olho — o olho espiritual — lhe houvesse sugerido. Não vê coisas diferentes do que via antes: vê as coisas de modo diverso. Sua visão tornou-se outra — ou, provavelmente, ele próprio é que se transformou.

Não há caminho direto entre a maneira de ver comum e a compreensão dessa nova visão, transformada pelo Satori. O que acontece é, antes, um salto para uma nova dimensão. Por isso, essa nova visão é incomparável ou, mais precisamente, indescritível.

Mas não há alguma esperança de caracterizar essa visão, pelo menos de modo interpretativo? Se não existir um meio, haverá um vazio em tudo o que se segue, e o que se liga a ela estreitamente se tornará ainda mais incompreensível. Nessa intuição fundamental, nessa interiorização ao primeiro olhar, enraízam-se graus do Zen ulteriores e mais elevados. E, assim, essa visão — para os que não palmilharam o Caminho e não tiveram ocasião de conhecê-la a não ser por ouvir falar — deve ser descrita de algum modo, ainda que insatisfatório. Mas o dedo que aponta para a Lua não é a Lua, como dizem com razão os Mestres zen.

Suzuki[2] satisfez brilhantemente essa necessidade — "Olhar iluminado para a verdadeira natureza de todas as coisas."[3] — "O Satori é uma espécie de percepção interior — não naturalmente a percepção de um objeto específico mas, por assim dizer, a faculdade de sentir a verdadeira realidade."[4] "Percepção de ordem mais elevada."[5] Se desejarmos alcançar a verdadeira realidade das coisas, devemos considerá-las como se a consciência do ser e do não ser não estivesse ainda despertada.[6]

Estas observações sem dúvida são certas, mas são tão enigmáticas quanto o próprio Satori. Reside aí o perigo de despertar a fantasia e a reflexão do leitor e configurar

---

2. *Die Grosse Befreiung. Einführung in den Zen-Buddhismus.* Publicado em português como *Introdução ao Zen-budismo*, Editora Pensamento, São Paulo.

3. *Ibid.*

4. *Ibid.*

5. *Ibid.*

6. *Ibid.*

um quadro que, seja ele qual for, estará sempre errado. Portanto, para facilitar o entendimento, tentarei explicar de outra maneira.

Em primeiro lugar, parece-me característico da nova visão o fato de ela relacionar todas as coisas da mesma maneira — tanto aquelas às quais costumamos atribuir maior importância, como as menos significativas. É como se elas recebessem a mesma tônica absoluta em certo sentido, as coisas parecem tornar-se transparentes — o que nunca acontece na visão comum. Esse relacionamento não se desenrola de modo horizontal, de uma coisa passa para outra, dentro do mundo das coisas; desenvolve-se de forma vertical, atravessando cada coisa até as últimas profundezas, nas quais se decide a sua origem. As coisas, por conseguinte, são, desde sua origem, contempladas e, simultaneamente, compreendidas pelo Ser que nelas se manifesta. Nesta medida, são todas de igual categoria e todas possuem a carta de nobreza de sua origem. Não são, portanto, objetos concretos em si, que testemunham sobre si próprios, sobre o motivo do seu Ser mas, de tal maneira que esse motivo não pode ser outro que não o próprio Ser, que eles fundamentam, e sempre através dele.

É preciso tornar tudo isso bem claro: essa visão não encerra nem a mais insignificante tendência à reflexão e tão pouco se realiza mediante o seu auxílio secreto. Não é verdade que esse resultado se fundamenta na continuada concentração meditativa num Koan e, portanto, seja esperado, desejado e conjecturado, de tal modo que a pessoa finalmente "julga" ver o que conjecturou. Esta visão atinge antes, fulminantemente, a pessoa que se concentra, e de um só golpe. É tão viva e nítida que traz consigo a maior certeza. Que as coisas, portanto, "sejam" precisamente através do que *não* são, e que sua Existência se deva a essa não existência, como seu motivo e origem; é isso o que se "vê" e se compreende de imediato.

Talvez uma historieta transformada num Koan esclareça o assunto.*

Hyakujo saiu um dia de casa acompanhando seu mestre Bashô e os dois deram com um bando de gansos selvagens. Bashô perguntou: "Que é isso?" "São gansos selvagens, Senhor." "Para onde voam?" "Voaram, Senhor." Repentinamente, Bashô segurou Hyakujo pelo nariz e o fez dar uma volta. Hyakujo, dominado pela dor, gritou: "Oh! Oh!"

"Disseste que voaram", disse Bashô, "mas, apesar disso, desde o princípio, eles todos estavam aqui."

Nisso, escorreu suor das costas de Hyakujo. Era o Satori.

A diferença entre essas duas afirmações é tão extensa que elas não podem se reconciliar. "Voaram" é uma declaração quase evidente para a compreensão humana normal. Já não estão visíveis, desapareceram, foram para alguma parte; portanto, não estão aqui, para mim, não existem mais. Para afirmar isso não é preciso iluminação. Bashô tem uma percepção totalmente diferente.

---

* *Introdução ao Zen-budismo*, Editora Pensamento, São Paulo.

Perceber com a visão natural, que todos possuem desde o nascimento, só pode significar: verificar, de tudo o que existe, o que agora me aparece diante dos olhos. E pressupor que algo nos possa aparecer diante dos olhos é pressupor que existe. Com o terceiro olho, que só se passa a possuir após o renascimento, vê-se precisamente a existência do que existe e de seus fundamentos. Eis por que a afirmação deve ser expressa da seguinte forma: "Sempre estiveram aqui (naturalmente, não neste lugar do espaço, pois espaço e tempo, nesta visão, não tem importância)." Portanto, aquilo que, por estar distorcido, pode parecer uma piada sem graça é, na realidade, um fato bem simples, que Bashô revela. É fato que ele vê tão clara, distinta e vivamente como Hyakujo vê os gansos voarem. Nenhum desses fatos contradiz o outro, já que se situam em dimensões diferentes. Hyakujo, por meio de demorada reflexão e ponderação, jamais encontraria a solução. Só no momento da dor violenta que lhe estimulou a reflexão é que ele encontrou a solução, como conta a história, através do Satori.

Só porque podemos nos valer da afirmação de Bashô para obter um pouco de compreensão, não devemos desculpá-lo e adotar o seu ponto de vista, imaginando que aquela afirmação esteja cheia de significado ou que ela tenha um sentido profundo. Não se trata disso; tudo depende, porém, de se poder "ver", como Bashô, e até de se poder ver de imediato, desde o primeiro olhar, e assim — e não de outro modo — compreender. Bashô, por seu lado, entende, é claro, a afirmação de Hyakujo; antigamente compartilhara dela, achara-a normal. Agora entende muito mais: que ela carece de espírito e é francamente excêntrica.

Seria um mal-entendido crer que a intuição iluminada, embora oferecendo vantagens fundamentais, esteja ameaçada por perdas graves. Se lhe escapasse a plenitude da existência presente, estaria enganada quanto ao seu sentido. Por mais importante que sejam as coisas desde sua augusta origem, igualmente importante é concebê-las pelo que elas simplesmente são. Não apenas pelo fato de nelas manifestar-se algo, mas também como e sob que forma e corpo esse algo se manifesta. Todavia, este argumento não procede. Justamente porque é característica da intuição iluminada não perguntar à pessoa que contempla o sentido do que ela vê, é que ela deixa que o que existe continue a ser como é, desde a origem, e aceita as coisas, por assim dizer, como elas *deveriam* ser.

Na medida em que as coisas são inatingíveis e impalpáveis na sua origem informe e primitiva, elas são acessíveis na sua manifestação de forma. Na luz de sua augusta origem, elas mesmas são luz e são iluminadas. Quanto mais misteriosas nos seus fundamentos, tanto mais as coisas se oferecem à revelação. Quanto mais silenciosas em consideração às últimas perguntas feitas, tanto menos guardam segredo sobre si mesmas. Isso faz com que o contemplativo deixe que elas sigam seus próprios caminhos, sem se envolver com aquelas perguntas. Ele está longe, portanto, de aceitá-las como simples aparências dessa origem inacessível e impalpável, e deixa despreocupadamente que cada coisa valha por si mesma. Ele consegue isso num grau espantoso, através dessa originalidade da contemplação desinteressada: muito além das fronteiras da Natureza viva, o contemplativo fica em contato íntimo com as coisas e com seus destinos — também com aquelas que parecem pertencer à existência material — e consegue elevar esse contato até o grau de completa integração com elas (se para dirigi-las ou se para ser dirigido, tanto faz). Ele se sente como se a coisa não se revelasse para ele, mas como se ela se revelasse para si mesma, a fim de, com isso, obter sua inteira realidade, como se o ser visse, abarcasse e contivesse em si mesmo o acontecimento da contemplação. O contemplativo não mais se sente como o polo subjetivo, situando-se como objeto diante das coisas, mas sente o ser como o polo da essência impalpável, sente-se um com tudo o que encontra, sente-se um com outro polo do que existe e que é formado, e sente que tudo, à sua semelhança, provém das mesmas origens.

O que vale para um objeto qualquer vale, do mesmo modo, para o assim chamado "eu". Também o "eu" tornou-se transparente na sua manifestação, translúcido até as derradeiras profundezas, nas quais se fundamenta. A isso compara-se este Koan: Qual o teu rosto, antes de estares diante do antagonismo entre o Bem e o Mal, isto é, antes de vires ao mundo como um "eu" individual, como um determinado homem, na esfera da multiplicidade e do antagonismo?

A solução deste Koan consiste, também neste caso, em "ver" o semblante primordial com o terceiro olho, o olho do espírito; consiste em encontrá-lo, em compreendê-lo e em imaginá-lo, mas sem a ajuda da Reflexão.

O que for descoberto, levando em consideração o próprio eu, não será atribuído ao outro eu e, muito menos, às coisas — analogamente, por assim dizer — mas essas outras formas também serão imediatamente descobertas por si, desde a origem.

Talvez essa espécie de visão seja uma repetição, uma ressurreição, uma evolução e a consolidação de um comportamento que, nos tempos da infância, exercitávamos ocasionalmente, por iniciativa própria. Parece que a coisa com a qual brincávamos era uma experiência real enquanto a vivíamos, de tal modo que toda ação aparentemente procedia dela e parecia brincar conosco. Seja como for, se no Satori houver regressão ou algo inteiramente novo e jamais acontecido, existe, sem dúvida, uma vivência inconcebivelmente poderosa que conclama todas as forças subjetivas e as coloca a seu serviço — uma vivência sem liames e indiferenciada; uma visão, uma compreensão, por assim dizer, e um ser compreendido conjuntamente. É fácil ver, a partir daí, por que os Mestres zen pelo menos permitem brados tais como "Bengala! Neve! Gansos selvagens!" em oposição às asserções: "Isto é uma bengala! Aquilo não são gansos selvagens!" que podem ser tão errôneas quanto as objeções: "Isto não é uma bengala! Aquilo não são gansos selvagens" — e a afirmação: "Os gansos selvagens voaram" seria tão incorreta quanto: "Eles não voaram." A pessoa que julga assim, e que separa as coisas em relação a si mesma e às próprias coisas, elimina, através disso, a conexão entre elas isolando-as — essa pessoa não é mais um mero espectador, mas sim um observador, visto situar-se fora do quadro e experimentar o que vê como algo que está diante de si. Ela não se sente, portanto, integrada com a que vê, mas como alguém que é solicitado pelas coisas exteriores e que reage a elas. Em compensação, é como se as questionasse para que pudessem responder. Nesse vaivém de perguntas e respostas, a pessoa supõe abranger a realidade total do "objeto" e esgotá-la até seus fundamentos, sem notar com que escassos sucedâneos se contenta. Entre a pessoa e o objeto entra de permeio uma imagem refletida no espelho que ela carrega de significado, sem perceber que, para o vidente, a visão está repleta de um significado para o qual ele deve, meramente, manter-se aberto.

Para o observador que se relaciona conscientemente com tudo, por trás de tudo o que é visível ele avista um passado e um futuro, com uma nítida separação entre eles. A contemplação, ao contrário, não considera nada disso: ela considera o presente de forma isolada, e o agora sem pensar nele como um acontecimento que independe do tempo. O ritmo não é entendido como algo estranho, mas sim como algo característico, percebido como uma cadência viva na transformação inesgotável e sem limite das coisas.

Quando, portanto, os Mestres zen se negam a fazer declarações sobre a visão iluminada, não é por lhes parecer desejável voltar ao primitivismo dos menores anelos espirituais. O que eles pedem não é apenas a obtenção da originalidade espiritual, mas a sua permanência. Essa originalidade não é primitiva, por mais despretensiosa, simples ou mesmo simplória que possa ser, mas o produto de uma inconcebível disciplina espiritual; e conduz a uma liberdade para a qual realmente nada é impossível. Mas a razão de ser do Zen não é, de modo algum, a de basicamente fundamentar essa atitude antilógica e violentar todos os setores da vida. O Zen não conhece nada que se baseie apenas em princípios. Por esse motivo, não só reconhece que existem esferas nas quais declarações, julgamentos, planos e negociações são importantes, mas até admite como indispensáveis à vida esses modos de proceder, inclusive aprovando a destruição da unidade sujeito-objeto e a dicotomia sujeito e objeto — até o limite em que esta começa a ficar perigosa e nefasta.

## *Outras Meditações Koan*

O Mestre confiará ainda ao discípulo, em tempo hábil, outros Koans. Não para completar a iluminação, parte por parte, pois ela é concedida de uma só vez — como um todo indivisível, visto que em cada Koan está contido todo o Zen — mas para torná-la coerente, para deixá-la criar raízes e se assentar, pois, para isso, os dois olhos estão aí a funcionar e, para isso, dispõem de toda uma vida. Além disso, com a ajuda do Koan, é possível tocar a vasta circunferência do Ser. Sob este aspecto, os Koans podem ser classificados.

O discípulo não repetirá os erros superáveis através da meditação. Não buscará soluções compreensíveis, desde que aprendeu, à custa de seus próprios erros, a considerar o pensamento como totalmente imprestável. É possível para o discípulo que, mal se haja concentrado na meditação, veja surgir de pronto a solução de um Koan; é provável que esta lhe salte aos olhos e que ele, na visão iluminada, "veja" o que perguntara. Recorrerá de novo ao Mestre para que este o examine, confirme ou condene. Submeter-se-á à decisão deste sem se humilhar, sem obedecer ou aceitar de boa vontade suas supostas culpas, apenas conformado com o seu destino. Talvez a resignação não seja própria de seu caráter. Pode acontecer que, obstinadamente, ele se revolte contra a sentença do Mestre, até que um dia venha a perceber como estivera errado e, de livre vontade, se entregue ao Mestre com inabalável confiança.

## *Como o Mestre "vê" se o Discípulo Alcançou o Satori*

De onde provém essa autoridade do Mestre, que ele não busca nem pede, mas encontra, quer queira, quer não? Como é possível que ele veja, até as profundezas, a alma do discípulo, o qual, em sua presença, emudece, perde o jeito e balbucia? Como pode saber e ver se o discípulo alcançou o Satori? Isto é tão difícil de esclarecer quanto o próprio processo do Satori.

É necessário assinalar uma vez mais que a intuição iluminada é de tal modo constituída que o discípulo não responde às perguntas encerradas no Koan com palavras, não conseguindo formular conceitos. Mas, mesmo admitindo-se que possa descrever a intuição ou caracterizá-la com uma analogia (o que talvez só seja possível depois de muitos anos e de múltiplas experiências), ele não produziria nenhuma impressão no Mestre, pois o discípulo poderia repetir o que ouviu em outro lugar e, com isso, simular uma experiência. Com uma imaginação fértil, ele poderia interpretar os poucos dados de que dispõe e, uma vez que imagina que os compreendeu, ao acompanhar uma conversa, se fazer passar por uma pessoa que experimentou o Satori.

Para desmascarar esses clarividentes, que existem também aqui, o Mestre toma precauções inequívocas: em vez de palavreado, apresenta uma exigência — ele quer "ver" o discípulo conseguir o Satori. E ele, o Mestre do Satori, lança-lhe um olhar infalível. Para isso, capacitam-no experiências em seu próprio corpo, enquanto discípulo, depois, os longos anos de experiência como professor e, afinal, como Mestre. Mas o que vê o Mestre? Eu poderia contornar a pergunta, dizendo que um pintor, ao inspecionar o trabalho dos alunos, logo descobrirá qual deles nasceu artista e qual não. Ele simplesmente "vê" e, como pode "ver", não conseguirá nunca explicar isso para alguém que não pinte, de modo que este também possa ver e comprovar esse fato. De modo semelhante, o Mestre zen "vê" onde há um Satori autêntico — e não apenas simulado. Ele o vê naturalmente em "algo". Conquanto eu não possa explicar como ele faz isto, apresentarei indicações significativas, para as quais se costuma encontrar confirmação aqui e acolá.

A descontração espiritual, que favorece o Satori, mas também é por ele consolidada, produzindo profunda mudança interior, se espelha de novo na descontração corporal. Caracteristicamente, e não apenas na marcante euforia de todo o ser, numa agitação e entusiasmo notáveis, surgem aparições — que aliás bem poderiam provir de outra parte —, pois o iluminado está tão sereno que nem é notado, a não ser, precisamente, pelos movimentos mais improváveis que fogem ao seu controle. Esses movimentos não podem ser forjados. Em outras palavras: não há, no âmbito do Zen-budismo, posturas típicas que possam ser copiadas ou imitadas; não há, portanto, uma atitude de "devoção", ou de "humildade", ou de "emoção", etc.; mas existe uma única exceção: a atitude da concentração meditativa pode ser imitada por curto prazo, mas não para sempre, pois se esvaziaria e provaria que não conduz ao Satori.

Não recordarei ao leitor o quanto a expressão do olhar denuncia. Isso acontece de igual modo nas outras esferas da vida, e a leitura do olhar é praticada no mundo todo. Mas, a arte de perceber se um discípulo alcançou o Satori, pelas maneiras e modos de ele levar aos lábios uma xícara de chá, é uma arte que só os Mestres zen dominam.

Este exemplo será suficiente para mim, pois talvez seja o mais acessível para o europeu. Confirmado está que o iluminado não só observa as coisas de modo diferente, como as entende diversamente, quer esteja consciente disso ou não. E de que modo ele as entende? Não será na presença do Mestre, na qual se sente acanhado e canhestro. Não será admirando sua forma e apreciando-lhe o valor. Não será talvez como uma tigela: o principal é que haja algo dentro dela. Não será, talvez, deixando de prestar atenção nela por estar imerso em pensamentos. Mas como um oleiro que pega na tigela e sente como foi moldada — pois ela fala da mão modeladora de um artista —; ele pega na tigela como se suas mãos fizessem parte dela, como se elas mesmas fossem a tigela, de tal modo que, quando ele as retira, elas parecem guardar-lhe a impressão. Eis por que ele bebe o chá de um modo diferente. Bebe-o como se já não soubesse se ele é quem bebe ou se ele é a bebida, totalmente esquecido de si. O bebedor integrado com a bebida — a bebida una com quem bebe — uma situação incomparável. O Mestre percebe-o perfeitamente, por meio da visão iluminada. Mas o Satori, neste caso, é apenas a confirmação de uma faculdade para a qual, como oriental, ele possui todas as condições: a faculdade de perceber os mais finos matizes do movimento e da manipulação. Essa espantosa agudeza de observação se desenvolve talvez por meio da escrita figurada, ou por meio de uma inclinação para concentrar-se devotamente em tudo o que encontra, e por meio do exemplar amor à Natureza, próprio do japonês. O que ele observa penetra dentro — ele absorve o que vê. Eu poderia citar aqui exemplos do comportamento japonês no tocante às flores de cerejeira, pelas exposições de flores e de arranjos florais e no tocante ao seu gosto pela paisagem, pelas árvores isoladas. De igual modo, ele é mais sensível ainda na observação dos animais e pessoas em movimento. Não foi por acaso que um imperador japonês se preocupou em saber: qual das patas um grou levanta antes, no primeiro degrau de uma escada? E, no entanto, é a movimentos que não dão na vista que eles atribuem significado especial, como o reflexo de uma situação autêntica e involuntária.

## *Notas Sobre a Arte Teatral Japonesa*

Como prova, menciono uma arte em que esse senso do movimento expressivo desempenha papel decisivo: a arte teatral.

O ator não age com grande ênfase, muitas vezes vazia, nem por gestos desembaraçados, e sim através de um jogo de cena silencioso — trata-se de uma arte "muda", "interior", que não se excede na manifestação de afeto, mas é requintada ao máximo. O espectador não assiste a simples alusões, a movimentos contidos em si próprios; ele sabe interpretá-los como sentimentos, disposições de ânimo e emoções; na força com que interpreta as pequenas coisas, ele avalia a grandeza do ator. Monossílabos, inclinações de cabeça, movimentos de mão ou talvez apenas de um dedo, bastam para a interpretação mais do que as próprias palavras. O teatro japonês (*No* ou *Kabuki*) tem por base não a palavra — e aqui torna-se visível sua raiz budista —, mas sim o silêncio; seu conteúdo é apenas insinuado e jamais poderia ser narrado. Há peças nas quais o ator, sem dizer nada, mantém o espectador longamente sob o seu encanto, por meio de um desempenho expressivo que com razão foi denominado dança imóvel ou dança sem dançar.

A peça, portanto, não se presta à leitura, como as europeias que, já na primeira leitura, revelam toda a sua beleza, brilho e profundidade; a peça japonesa "ganha relevo" mais pela genialidade do ator, o qual lhe acrescenta o que em essência a palavra não pode expressar, mesmo com a maior força da linguagem.

Apesar disso, seu rosto permanece quase inteiramente imóvel, sem expressão, com o olhar fixo, o que não deve causar estranheza. Por um lado, desde tempos remotos, usa-se a máscara (*no No*); por outro, os atores muito devem à influência do teatro de bonecos, e a força expressiva desses bonecos reside na sobriedade da gesticulação. Isto, embora inconcebível, tornou-se arte nesse teatro e parece ter atingido a perfeição. Só assim se pode entender que a tradição do teatro mímico tenha sido cuidadosamente preservada e que os atores tenham de aprendê-la lentamente, desde a juventude ou mesmo desde a infância. Há uma crônica teatral de vários séculos na qual se faz uma descrição pedante mas exata do desempenho mímico dos grandes atores. Nela vislumbra-se a tarefa e o sentido da crítica teatral. Dessa forma, todo ator pode representar determinados papéis numa peça, usando, para isso, o conhecimento do desempenho tradicional dos grandes atores que a precederam. Isso parece ser importante. O ator mais conhecido de Tóquio aprendeu com o pai e nada acrescentou de novo a esse desempenho. Querer aparecer é para atores medíocres; o bom ator se esforça para ser discreto. É admirável o que se conseguiu com isso: um teatro, por assim dizer, *sub especie aeternitatis*. Especialmente na dança No, cada um dos movimentos, mesmo a mais insignificante, possui um significado próprio. Diferenças mínimas e nuanças irrelevantes fundamentam a diversidade entre as escolas — diferenças dificilmente compreensíveis para nós. Por meio delas, é possível elaborar esses gestos significativos até a perfeição final, e as mínimas mudanças adquirem importância.

O fato de elas não parecerem mecânicas, apesar de toda a sua formalidade, e o fato de a assimilação de padrões estabelecidos não cair na rotina, o que poderia servir ao ator comum, ocorre porque, no Japão, a Natureza, a vida e a arte estão estreitamente ligadas; a arte não significa um reino de aparências ao lado ou acima da Natureza e da vida, mas sim a perfeição destas — através do artista que soberbamente domina a técnica e, com isso, torna-se verdadeiramente livre. (Sobre a arte do arqueiro e do arranjador de flores pode-se dizer a mesmo.) Precisamente a arte teatral é que permanece distanciada e inacessível ao europeu. Não só por não dominar o idioma — para isso, a vida toda seria curta demais — mas por não ter desenvolvido o sentido, a faculdade de ver do japonês. O europeu que, sem esforço, entende o mais difícil diálogo de uma peça europeia, malogra no entendimento da mais simples passagem de uma peça japonesa, não conseguindo negar que sua cultura, baseada nos Logos, se fundamenta na palavra, enquanto a cultura oriental baseia-se na visão e na intuição.

Para não levantar a suspeita de que estou exagerando ao ilustrar o Satori e seus motivos ocultos, é bom lembrar a anedota de dois grandes mestres da arte teatral, em que um reconhece a grandeza e a superioridade do outro, numa cena carregada de sentido em que nem uma palavra é trocada.

Tudo isso o Mestre zen aceita como uma imposição do destino, já que é japonês. Se, através do Satori, ele alcança o terceiro olho, pode-se avaliar até onde a evolução da sua faculdade contemplativa é capaz de levá-lo.

## *O Mestre "vê" o Coração do Discípulo*

Se um dia o meu Mestre zen lesse o que aqui está escrito, talvez dissesse: Por que falar tão prolixamente sobre algo tão simples; para que tanto palavreado? Entender outra pessoa, descortinar até o mais secreto recanto de sua alma, só é possível por meio do relacionamento de plexo solar a plexo solar.[7] Quem se exercitou muito, recebeu a faculdade de incluir todos os demais em seu campo de força, que se irradia à sua volta em círculos crescentes. E não se irradia apenas aos homens, aos animais e às plantas, mas também às coisas. A essa irradiação ninguém e nada pode se furtar. E, uma vez incluído nessa irradiação, precisa revelar seu nome, quer queira quer não.

O Mestre, portanto, "vê através do discípulo" a partir de seu procedimento exterior e ainda mais pelo modo como ele se expressa ao responder a perguntas. Não existe a possibilidade de fingir o que não se tem, pois no Satori não há nada que se possa tomar como conteúdo palpável de uma realidade passível de expressão. O Satori não contém verdades que se possam intuir e recitar, mas apenas um novo modo de ver, de compreender. A pessoa ou tem Satori ou não. Não é possível inventá-lo. E quem, durante anos a fio, aprendeu com professores japoneses, não se rebela mais contra esse exame que eles fazem no coração do discípulo, para saber onde ele está e, acima de tudo, o que no discípulo é experiência genuína e o que é fantasia.

## *A Transformação do Discípulo pelo Satori*

Liga-se ao Satori uma transformação interior de caráter revolucionário. A princípio, o iluminado não a nota. Ape-

---

7. Trata-se do entrelaçamento de nervos, imediatamente sob o diafragma, que se denomina plexo solar.

nas o professor observa e nada diz; deixa-a amadurecer e aperfeiçoar-se. Gradualmente, no convívio com outras pessoas, o discípulo nota que se tornou diferente. Ao reunir-se aos demais, não se entende com eles como antes. E não pode negar que os outros são unânimes nas opiniões sobre ele. Isto, no entanto, não o torna inseguro, já que a visão recebida é por demais convincente. Agora ele é apenas mais reservado com as outras pessoas. Cada vez mais, abandona-se às suas visões e sonhos, e procura e ama a solidão.

O que antes lhe parecia uma perda ter de ficar de lado — pois é jovem e gosta de misturar-se àqueles com quem o destino o reuniu — torna-se para ele um lucro: ele busca e encontra a solidão, não em lugares distantes e tranquilos, mas criando-a a partir de si próprio; a solidão se espalha em torno dele, onde quer que se encontre, pois ele a ama. Neste silêncio, lentamente, ele amadurece. O silêncio é extraordinariamente importante para o desenvolvimento da evolução interior. O perigo consiste em falar nisso com os outros e, assim, destruir suas sementes. Mas o discípulo não se entrega a um prazer vaidoso. Quer apenas resolver o seu caso. Quer apenas expor a sua visão iluminada à visão iluminadora. Isso leva à potencialização e ao aperfeiçoamento da visão, pela sua própria força. Só se alcança isto fixando as coisas que existem num quadro, através da visão iluminada, e esse quadro, por sua vez, deve ser examinado em detalhe. Este caminho também não é percorrido intencionalmente; ele é tomado inconscientemente, por si mesmo.

É o Caminho zen na arte. E se transforma no caminho da arte.

## *O Zen nas Artes*

Não é isso, porém, que devemos expor agora, ou melhor, o fato de o Zen influenciar de modo duradouro todas as artes japonesas e nelas produzir seus efeitos, como o demonstrou Suzuki. Poder-se-ia lembrar aqui, no que respeita a cada arte em particular, o método de ensino, a concentração necessária, o sentido atribuído às ações rituais do culto e, finalmente, a obra interior em que o artista se torna um mestre. Tudo isso foi citado em outros lugares, em *A arte cavalheiresca do arqueiro zen*,* para aproveitar o grande ensinamento do domínio do arco.

Eis, portanto, uma das consequências do Zen como um todo sobre cada arte isolada. Nesse caso, trata-se de outra questão, a saber, da consequência do Satori, de sua natureza e da maneira como se apresenta plasticamente, principalmente na pintura zen.

Pois existe uma pintura declaradamente zen, ou antes, obras em que a visão iluminada da existência se torna o conteúdo do quadro.

---

* Do autor, Editora Pensamento, São Paulo.

## A Pintura Zen

Qual a característica dessa pintura? Antes de tudo, o *espaço*. O espaço que importa nessa pintura não é, em todo caso, o europeu com suas dimensões, aquela dimensão homogênea em que as coisas estão, que as circunda e que separa uma da outra. Não é a amplidão morta, que se intromete nas coisas, até nos relacionamentos visuais, à esquerda, à direita, acima, abaixo e atrás. Não é o espaço que apenas toca na superfície dos corpos, que os encerra como uma casca e, em toda parte em que há vazio, fica sem sentido e sem aproveitamento. O espaço do pintor zen, ao contrário, é imóvel, embora produza um efeito de mobilidade; esse espaço vive e respira ao mesmo tempo. Ele não tem forma, é vazio e, no entanto, é a origem de toda a forma; não tem nome e é a base de tudo o que tem um nome. Por sua causa, as coisas adquirem um realce evidente, são todas igualmente importantes, igualmente significativas: são a expressão de tudo o que tem vida. Por isso, há nesses quadros, nos espaços claros e deixados em branco, um profundo significado. O que não for insinuado ou declarado, o que for silenciado, é mais importante do que é enunciado e esclarecido.

Nesta arte, como na arte teatral, surge a dança imóvel, vivendo, penetrando e dançando através de tudo o que existe. O espaço não é um meio homogêneo longínquo e identicamente vazio, na distância infinita; é a plenitude inconcebível do próprio ser, em suas infinitas possibilidades. O pintor zen não conhece o *horror vacui*; para ele, o vazio é realmente digno da mais alta veneração, é a vida original que, em sua superabundância, não tem forma e, para se fazer ver, deve se destacar no círculo infinito da vida. Esse espaço, portanto, não é a pele que envolve as coisas, mas é a sua essência, está em seu âmago, na base do seu ser mais profundo, na base da sua existência. Depreende-se desses quadros a magia do vazio; eles são atraentes para os olhos e estimulam a devoção. E toda a observação deles começa com a observação do vazio.

Na pintura europeia, o observador situa-se fora do quadro. O que ele vê é sentido como se estivesse diante dele, fora dele, além de seu olhar, desdobrando-se e lançando-se no espaço até o horizonte. É como se o mero modo de olhar já criasse a arte. Nesse tipo de visão, uma coisa é diferente de outra coisa essencialmente estranha, e, através disso, surge à sua consciência o fato de que o observador não se situa no quadro, e sim fora dele. Na pintura chinesa e japonesa, pelo contrário, o quadro não é observado de fora para dentro, vê-se tudo que está exposto e todas as suas particularidades de dentro do quadro para fora, de modo que o observador precisaria estar lá dentro e viver lá para lhe fazer justiça. Com isso, a perspectiva se torna supérflua, tanto que desaparece, mas anula-se também a ordem entre observador e observado. O espaço envolve o observador, que então fica no meio, sem ser esse meio; ele agora se encontra dentro das coisas, integrado com a batida do coração das coisas. Isso significa ao mesmo tempo que o que o envolve e encerra é para ele tão igual de modo a fazê-lo sentir esse espaço como não existente para ele ou por causa dele. Esse espaço não é outra coisa, e ele mesmo, na sua eterna forma mutável, e ele está tão integrado nesse espaço que o observador já não tem um significado próprio; todavia, ele imerge nesse espaço e, nessa imersão, ele se encontra e não se encontra; ele tem uma vaga ideia de pairar naquilo que existe.

Nos quadros, o objetivo, as formas livres de sua base original — para serem julgados a partir do vazio —, as montanhas e as florestas, as rochas e as águas, as flores, os animais e as pessoas são encerrados em seu ser, mergulhados na situação concreta do aqui e agora e, no entanto, não estão num simples aqui e agora. Eis a razão pela qual esse caráter de suspensão alusivamente faz retroceder com acréscimo o indeterminado ao determinado, o que não tem forma àquilo que tem forma, de modo a deixar visível sua origem e procedência.

Existem cadernos de pintura a nanquim em que, desde a mais simples folha de relva até a paisagem mais ampla, tudo o que o olho do pintor encontra está fixado em seus traços essenciais e, nesse esboço, ele enquadra tudo o que confere à natureza característica da vivacidade. Não se trata, aqui, de nenhum padrão que se possa imitar, por ser encantador. Ao contrário, trata-se de exercícios de estilo e de pintura que demonstram o estranho parentesco entre o esboço dos quadros e a pintura. Quem os dominar, e de tal modo que se tenha alçado acima deles, liberta-se e amadurece para a percepção da Verdade e para a expressão dos mais finos matizes, e estará, de fato, em condições de apresentar o que o terceiro olho da iluminação vê e explica.

A pintura zen apoia-se numa grande tradição: na pintura paisagística chinesa, antes do seu contato com o Budismo. Nela já estão formados, ou pelo menos indicados, os traços característicos da pintura zen. Isto remonta, talvez, a uma profunda mas oculta influência do Taoismo. Quando o Budismo, pela primeira vez, passou da Índia à China, com um efeito realmente revolucionário neste país, sofreu lenta mas profunda mudança, causada pelo Tao. Assim como a China, no decorrer da história, incorporou e assimilou tribos invasoras estrangeiras, assim também se apropriou espiritualmente de tudo o que lhe parecia inicialmente estranho, para devolvê-lo enriquecido e mais belo. O Zen é, de fato, uma flor, talvez a mais bela e misteriosa, produzida pela tremenda força criadora do gênio chinês. Não admira, portanto, que os pintores zen citem como fontes a pintura chinesa pré-budista e o espírito do Tao. No Tao de Lao Tsé* existem muitos temas que se tornaram fundamentais para o Zen. O que o Tao previu o Zen exteriorizou.

O que vale para a pintura paisagística vale igualmente para as pequenas e minúsculas gravuras de paisagens e da Natureza e para os quadros inconcebivelmente vivos, nos quais, em poucos traços, um ramo de bambu com pou-

* Ver *O Livro do caminho perfeito*, de Lao Tsé, Ed. Pensamento, São Paulo.

cos galhos e folhas, ou então um ramo florido, aparece de forma mágica. Também esses quadros devem ser vistos e compreendidos como um espaço vazio e informe. Igualmente, neste caso, é decisiva a perspectiva do desenho e das superfícies vazias, até para expressar de maneira ainda mais persuasiva a ideia de espaço. Nada seria mais errôneo do que ver neles a bela calma da existência e achar que eles exigem uma contemplação contínua.

Quem realmente entende como "ler" esses hieróglifos sente, através da calma aparente, a tensão chocante do ser e do deixar de ser, do nascer e do se recolher, do aparecer e do desaparecer; sente como o que existe vibra no rio do ser e do deixar de ser — fluido, embora inevitável.

Tais quadros, simples e ingênuos, em que tão pouco é mostrado, revelam tão alto que estão repletos de Zen, que o observador se sente subjugado. Quem já assistiu, numa cerimônia de chá, com a duração de uma longa hora, a mudança dos quadros na parede; quem viu, depois de uma pausa, uma flor definir a atmosfera; quem viu os convidados, mergulhados na mais profunda concentração, extraírem desse quadro os mais profundos mistérios, indescritíveis por palavras; quem os viu desvendá-los e deixar a sala de chá com indizível enriquecimento interior — quem viu isso conhece a força que emana desses quadros.

## *O Satori na Poesia*

O fato de o Satori também ter procurado manifestar-se na expressão poética será mencionado aqui apenas de passagem. Precisamente o poema curto se conforma e se presta a isso, por ser — como o quadro a nanquim pintado em seda ou papel — não só exterior, quanto ao ordenadamente visível, que dá valor ao espaço, mas igualmente interior, quanto à sua forma interna, que não expressa o genuíno ou o importante, mas o insinua nas entrelinhas.

Assim é o famoso poema curto de Bashô: com a maior fidelidade possível, mesmo que a tradução soe mal, ele diz assim:

Velho tanque!
Pula uma rã!
Rumor d'água!

Isso é tudo. E não contém, mesmo assim, o mundo inteiro? Na calma inalterável, de repente um movimento, uma vida que se manifesta pelo ruído, para depois desaparecer. Que é todo esse rumor, diante da calma, do silêncio, que é o princípio e o fim?

Quiséssemos perguntar ao pintor, ao poeta, ou ao arqueiro como poderíamos definir com palavras o que empresta a tudo o que existe o seu ser e o seu alento, e que se deixa entrever aqui e ali, eles provavelmente responderiam: Talvez seja "Aquilo", que ao mesmo tempo está e não está em todo ir e ficar, em todo fazer e não fazer. Essa talvez seja uma descrição acanhada, embora aproximada, daquilo que não tem esta nem aquela forma, mas que esconde em todas elas a sua essência.

## *Especulação Sobre os Fundamentos da Experiência do Satori*

Para os que não se expressam como pintores ou poetas — por mais tentativas que tenham feito — permanece como caminho salvador a Reflexão, a especulação. Quanto ao rumo que podem tomar e para onde este o conduz, possam as seguintes declarações tiradas dos "Cinco Níveis de Rjôkwai de Tôsan"[8] demonstrar:

Primeiro Nível
À terceira ou à primeira hora da noite,
antes do acender da Lua,
Não é de surpreender que, ao se confrontarem,
os que se encontram não se reconheçam.
E, todavia, mantém-se oculto
um vestígio do dia que passou.

Segundo Nível
Uma velha que perdeu a manhã,
está em pé diante do espelho muito antigo.
Eles se espelham na plena claridade, então
não existe mais a realidade.
Desista de perder novamente a cabeça
reconhecendo sombras!

8. Os cinco níveis de Rjôkwais de Tôsan.

Rjôkwai de Tôsan (século IX) quer dizer com isso o seguinte: a visão iluminada é constituída de tal modo que as diferenças individuais do dia desaparecem na igualdade indistinta daquela origem sem forma, que é o seio materno de toda a existência. Pois como igualdade indistinta é interpretado aquele enigmático e, no entanto, tão inegavelmente vivenciado "Aquilo". As diferenças, entretanto, desaparecem sem ser totalmente anuladas, ou melhor, reconvertidas no Nada. Elas só são negadas nos pensamentos, para que a igualdade indistinta possa ser concebível. Quem se descuida pela manhã, deixando cair as diferenças na igualdade indistinta, deixando as diferenças se sobressaírem novamente, está diante da verdade como se estivesse diante de um espelho. Ele não se libertará d'"Aquilo", do nada sem forma. Ele próprio está envelhecido (já que entrou na noite intemporal da verdade), de frente para o Nada, portanto, ainda Um diante do Outro. Entre eles não há nenhum reflexo, não resta nada de verdadeiro. Mas ainda restam dois: de um lado, o espírito, que pensa o Nada; do outro lado, o Nada como a verdade que é pensada.

Quem, entretanto, supuser que atingiu a mais elevada verdade no Nada que extingue todas as diferenças, quem crer sobrepujar os artistas, que não conseguem se libertar vendo a igualdade no cotidiano, quem observar no que passou a origem nobre e quem vir na forma a base informe: quem, enfim, não for suficientemente abstrato, quem não perceber radicalmente a visão iluminada está, segundo Rjôkwai, a ponto de perder a cabeça e ficar sem o espírito. Esse alguém não pressente que o Nada, ao qual se sentiu compelido, é apenas a sombra da verdade e não a própria verdade. Pois esse Nada ainda está na desigualdade: ele é o contraste entre o isso e o aquilo, entre o um diante do muito, obtido por esforço intelectual e, por conseguinte, um Nada vazio, uma quimera. Até aí leva a especulação, o pensamento puro.

O Mestre nada tem contra essas tentativas, embora a convivência com os Koans devesse expulsar o pensamento. Essas reflexões são um ponto de passagem. Não se impõe a sua proibição. O Mestre deixa o discípulo com os seus quadros, o pensador com os seus pensamentos, porque o caminho prossegue e o progresso inclui a correção.

## *Comportamento do Monge Zen na Vida Prática, Fora do Claustro*

Por fundamental que possa ser a revolucionária mudança espiritual experimentada pelos discípulos, através do Satori, a totalidade do homem, a princípio, não está envolvida. Ele está espiritualmente livre, embora ainda longe de sê-lo, no sentido abrangente, que lhe possibilite viver da verdade e apenas da verdade. Pois a verdade — se quisermos denominar assim o derradeiro princípio — ainda não está à vista. O homem apenas se move na direção da verdade. Ele vê apenas as condições em que ela existe em todas as coisas como existe nele mesmo; mas ela ainda é algo diverso daquilo que ele vê: ainda não está integrada com os seus fundamentos, ou melhor, com a falta de fundamentos de seus fundamentos.

Isto aparece dolorosamente na consciência de todos os que experimentam o Satori, ao deixarem a tranquila sala de meditação para retomarem ou para iniciarem sua profissão terrena. Nos claustros não faltam atritos; existe a inveja das naturezas ambiciosas, existem níveis diversos, muitos graus diferentes. A presença do professor, porém, sempre equilibra tudo. Assim, nos claustros impera uma fundamental harmonia e tolerância. Porém, do lado de fora dos claustros, começa a vida que agride o discípulo repentinamente e faz passar por duras penas quem for mais sensível. Vive-se de novo no âmbito dos objetivos e dos propósitos. O entendimento, até então desligado, volta a ser valorizado e manipulado como uma ferramenta.

Nem o artista (embora sem más intenções na sua esfera) é poupado desses contatos com a vida, quanto mais os outros. Mesmo o padre secular se compromete com isto: casa-se — como é frequente no Extremo Oriente — formando múltiplos liames que, às vezes, pesam. Lá se foi, portanto, a vida sem propósito no abrigo do claustro! Surge uma discrepância entre a vida cotidiana e a vida no retiro. Todos eles encontram condições a que não se adaptam, mesmo não saindo do círculo em que se movimentam, mesmo não querendo desempenhar um papel na vida pública.

Eles não concordam com reformas violentas, e esperam pacientemente, com a convicção de que no mundo existe lugar para o antigo e para o moderno, com a convicção de que o antigo passa quando chega a sua hora, e de que o moderno não irrompe como uma coisa terminada, mas se desenvolve a partir de acréscimos feitos às coisas antigas. Daí, terem a tendência de se pôr desinteressadamente a serviço, sem espírito de crítica, sem tentar adaptar as coisas a si mesmos, porém, antes de tudo, adaptando-se a elas. Depois têm a tendência de prestar mais atenção ao que fazem do que ao modo pelo qual o fazem, deixando cada situação acontecer e extraindo delas o que for melhor.

Na tranquilidade, porém, o discípulo trabalha em si próprio. É tolerante com os demais, mas não é paciente consigo mesmo. Seu trabalho se inicia com o pequeno e o insignificante, pois ele sabe muito bem que só assim poderá adquirir maestria no que for grande e difícil.

O treinamento do claustro produz seus efeitos, e o discípulo obedece às suas orientações: não se queixa de outras pessoas, nem de seu comportamento; não muda a esses, mas muda a *si próprio*, ou melhor, desenvolve uma força contrária.

Uma consciência sutil desenvolve-se nele e se exercita numa inconcebível probidade para consigo mesmo. Isso não leva à supervalorização de si próprio, nem a uma justificação pessoal. A vantagem que ele tem sobre os demais não é devida a si mesmo. Ele agradece ao destino e é humilde perante o Caminho que se estende diante de si; mas não menciona esse Caminho, nem o Zen, com palavras. Em caso de conflito, recorre ao Mestre. Tanto quanto possível, participa da repetição de exercícios de meditação para aprofundamento e ampliação da contemplação. E meditar diariamente é natural. Os exercícios de meditação não podem ser omitidos em nenhum período da vida. Não é como se eles só desempenhassem um papel durante o tempo da instrução e depois pudessem ser postos de lado. Também o Mestre precisa praticar sempre: não para alcançar o "tornar-se um", mas para afirmar essa condição. E, dessa maneira, a meditação tem um significado especificamente *central*. Tudo o que já se aprendeu serve para fundamentar novas realizações, e ninguém pode afirmar que atingiu o fim. Nem mesmo quem já se achar perfeito.

## *O Monge Zen*

Para os monges novatos as coisas são mais difíceis. Eles conhecem o longo e penoso caminho que se estende diante deles. Querem prosseguir até o fim, ou melhor, até o seu próprio fim. Todas as suas forças concentram-se nisso. Mas devem, então, em vez de se preocupar com a realização do sentido de sua própria vida, cuidar da salvação alheia! Eles o fariam com gosto, se estivessem em condições de criar a partir da própria plenitude. Mas, nesse momento? Ainda são principiantes.

Ao recordarem a promessa de salvar os outros, essa tarefa lhes parece um duro dever. Devem deixar a "casa", a fecunda solidão, para misturar-se à vida comum, na dispersão da vida a que, no entanto, renunciaram.

Isso lhes dá o que fazer. Não reparam que suas hesitações podem ser tomadas por ingratidão. Eles não podem, como todos os que buscam na vida o Satori, influenciar, tranquila e oportunamente, o grupo em que a vida os colocou; em vez disso, devem imiscuir-se em círculos estranhos e, possivelmente, junto a pessoas cuja convivência todos gostariam de evitar.

Passam por experiências penosas, desde a indiferença cortês à recusa grosseira, ao menosprezo e ao desacato. Encontram ódio, causado pela inveja. Sem esforço, uma pergunta começa a se impor: com que autoridade eles perturbam e inquietam os que preferem o mau caminho? Decerto, eles contam com vantagens, passaram por uma transformação perceptível. Ela, porém, aconteceu em campo muito diverso daquele de seu sofrido coração. E isso não lhes é perdoado.

Que têm eles para dar? Deveriam expor sua visão iluminada como o pintor mostra o quadro? Deveriam pregar que o homem, subjugado aos próprios desejos, jamais se libertará? Mas pregação é palavreado.

E não é este o estilo zen. Só o que podem — ao mesmo tempo que prestam auxílio sob todas as formas (e como sabem ajudar, quando é preciso, os amigos e vizinhos!) — é demonstrar o domínio sobre os desejos, que a lei da causa e efeito pode ser quebrada. Eles podem — se os outros apenas tivessem olhos para ver — mostrar que estão livres dessa lei. E como são de desarmante humildade, ninguém se fecha contra eles. Isto significa para eles: exigir dos outros aquilo de que são exemplo; portanto, trabalho incessante em si mesmos. Eles não explicam em palavras suas obrigações, não sabem pregar ou exigir dos outros condescendência, a paciência, a compaixão e a caridade, sem estar, eles próprios, em condições de preencher irrepreensível e completamente esses mesmos requisitos. Para avaliá-los, não se deve observar o que dizem, mas o que fazem. Num curso zen, não se valoriza a retórica. O modo como a pessoa fala não é importante, mas decisivo é o seu modo de agir.

Os monges zen devem exercitar-se num severo autocontrole. Para eles não podem existir escusas do tipo "o cavalo tomou as rédeas". O velho Adão! Ninguém espera até que dele (ou de outros) se diga que está sob o jugo de afetos e desejos. Acusado disto, o monge zen interrompe (de boa vontade e sem que o mandem) suas atividades públicas e vai se exercitar intensivamente na solidão, até que possa olhar nos olhos de quem quer que seja mas, acima de tudo, olhar testando a si próprio. Antes de considerar exercícios que possam fazê-lo progredir no Caminho, sua tarefa constante é o esclarecimento dos fundamentos.

Eis como o monge zen alcança uma inconcebível disciplina: por meio de um trabalho ininterrupto, onde o fator tempo é irrelevante, amparado pelo seu professor. E só termina quando ele perceber que está disciplinado. A simples conjectura não conta. Ele alcança uma espécie de intocabilidade, de inflexibilidade, como se não fosse de carne e osso, ou como se estivesse além de tudo o que comove e impressiona os homens.

O êxito exterior não tarda; ele tornar-se-á conhecido. Sua realização, embora impressionante, parece estar, por assim dizer, ao alcance de todos os que realmente a desejarem. As pessoas já não veem no monge zen nada fora do comum; ele já não cheira fatalmente ao claustro e às práticas misteriosas. Antes, parece um atleta que, por meio de exercícios que podem ser realizados por qualquer um, obteve grandes resultados. Seus trabalhos públicos já não causam suspeita. O contato com ele fica mais fácil. Os outros pensam: é uma pessoa como nós. A consequência disso é que ocupará o lugar de um educador leigo, que presta auxílio mesmo nas mais rudes tarefas. Ele não denunciará, porém, assim a sua profissão? Se tivesse Satori, seria necessário percorrer todo o Caminho? É por isso que se tornou monge zen? Eis como o monge zen — aqui ou ali, onde quer que tenha a esperança de conseguir compreensão, juntamente com suas exortações e prestações de serviço — indicará o Caminho que leva à salvação. Nesse sentido, ele está acima dos desejos; nesse sentido, seu sacrifício vale a pena. Talvez o ouçam, nada mais que isso. Só então, ele percebe como tudo está mal.

Na maioria das pessoas, os desejos estão de tal modo enraizados, ocupam tanto lugar, que parece não haver mais esperança. Mas é ainda pior! Não se encontra apenas o predomínio dos sentidos, e sim o das más intenções, o da crueldade, o da perfídia, o da deslealdade, etc. Os incautos homens sensíveis são ainda os mais sociáveis e acessíveis. Não acontece assim com os malvados; eles conhecem o contraste entre o bem e o mal, e conscientemente renunciam e mesmo odeiam o bem. Isso não é consternador?

Acaso ele não ouviu falar da original natureza búdica de todas as coisas? Sim, ele realmente a observou em toda a parte: nas árvores como nas pedras, nas montanhas e nas águas, nas flores como nos matagais. Não pode encontrá-la também no homem? Agora que ele se encontra entre os homens, sua visão iluminada falha. Ele vê — o que não existe na flora e na fauna — a falsidade humana, profunda como um abismo. O animal não simula, não desempenha papéis, não usa máscaras. E quanto à natureza búdica de cada um dos homens? Mas o que há com eles, o que está acontecendo? Estará deteriorada a sua natureza original?

Tais experiências levam à dúvida e ao desespero; e levam o jovem monge de volta ao Mestre, para conversas esclarecedoras, e agora elas são apropriadas, já que se trata das dificuldades encontradas nas coisas que podem ser compreendidas pela inteligência. Começa então uma instrução que pode se prolongar por longo tempo, não sob a forma de debates, de discursos e de conselhos, mas alterando os métodos, conforme as características do discípulo, baseando-se em Koans escolhidos, com o auxílio dos quais o próprio aluno pode descobrir do que se trata. De qualquer modo, a instrução versará sobre a vida e a profissão do monge zen, e se conversará sobre o que inquieta o discípulo: as dificuldades enfrentadas pelo principiante na salvação dos outros, dificuldades que são sentidas como uma coação, uma perturbação e quase uma traição pelos que ainda não experimentaram o impulso interior, com o qual achavam natural o esforço feito para ajudar aos demais; o que é equívoco na sua situação é ele sentir-se como um médico ainda não formado que se mandasse clinicar.

Torna-se claro ao monge zen que o fato de ele não se ambientar ainda não pode, no momento, ser diferente. Não é culpa da constituição imperfeita do mundo, mas sim da sua própria falta de equilíbrio. Interiormente, ele ainda está formado assim como o mundo o vê. O malogro e o descontentamento devem justamente trazer-lhe isso à consciência. Que ele mesmo melhore é uma das condições para o seu caminho posterior; seu insucesso é por isso benéfico. Sua tarefa é a de "conservar-se santo no coração" e comprová-lo nas relações com as coisas e as pessoas, como uma condição prévia para a salvação dos outros. Isto é uma questão de tempo; será um longo período de provas.

Neste caminho existem perigos e tentações. Em primeiro lugar, é absolutamente compreensível e inevitável que ele, que se decidiu pelo caminho da verdade mais elevada, se esforce por viver dessa verdade tal como ele a vê e entende. Ele vive segundo princípios e cuida de pensar e agir de conformidade com eles.

Ele optou pelo que é bom e nobre, em contraposição ao que é mau e ignóbil — sem prever que, com essa decisão responsável, já tomou uma resolução sobre si mesmo. Enquanto distingue entre o bem, ao qual dedicou sua vida, e o Santo a quem serve, e entre os maus e ímpios que deseja exterminar, posiciona-se claramente de um dos lados dessa dicotomia. No Shindji-mey se diz:[9]

> "A verdade não é difícil
> e não permite a escolha entre duas coisas..."

Essa "escolha entre", como se expressam os Mestres zen, manifesta-se no fato de que, quem quiser aceitar uma, necessariamente precisa desaprovar a outra. Assim acontece uma atitude que será sempre parcial. Não obstante a decisão de quem escolhe o bem, também o contrário deste tem poder sobre ele. Ao defender o bem (ideias e valores), terá tão pouca liberdade alguém que esteja

---

9. Shindji-mey (o sinal da fé), do terceiro patriarca Szosan. Os textos mencionados (numa tradução melhorada de Herrigel, da obra do professor Ôhasama) encontram-se no livro *Zen, o budismo vivo no Japão*, de Shûej Ôhasama e Ang. Faust, com introdução de Rudolf Otto.

sujeito aos desejos. Também ele está agrilhoado. Quem condena a sede de viver, por estar embaraçado pela sede de ideias, fundamentalmente ainda não evoluiu. Está, talvez, mais evoluído que o homem ingênuo preso aos desejos, já que abarca os dois lados e compreende a sua grande tensão e incompatibilidade. Não avançou, porém, suficientemente: não resolveu a questão. Ele ainda não se situa *acima* das contradições, vivendo num *pathos* que as tivesse subjugado. Por ser assim, depara-se com a recusa. Vendo maldade nessa recusa, o monge zen torna-se mais exigente, julga-se superior e enche-se de censura para com os malévolos, fica impaciente, e não consegue se livrar da tendência de ser reconhecido ou mesmo reverenciado. Existe igualmente nele uma inconfessável ânsia de poder no trabalho e sua liderança das almas é essa manifestação maior de zelo sagrado, de superioridade moral. Naturalmente, ele é convocado para a liderança no mais alto sentido, mas essa liderança, para a qual ainda não está preparado, baseia-se numa diferença de nível; também ela é *poder*, mas incomparavelmente de outro tipo. E o fervor religioso também não se justifica, quando os corrompidos *blasfemam* contra Buda e contra as verdades mais elevadas. O monge zen não advoga essa verdade e evitará falar sobre Buda ou sobre o Zen!

O que acontece aos maus? Logrados pela inteligência, sentem-se como um Centro com o qual tudo está relacionado. Essa obstinação, essa teimosia, é a causa do obscurecimento total da sua natureza búdica. Aqui, a visão iluminada já não basta, isto é certo. A obstinação parece ser primordial. O monge não tem outra escolha, a não ser acreditar em Buda e nos Mestres, aceitando o fato de que também nos criminosos existe a natureza búdica. Ele precisa acreditar nisso por muito tempo, até que veja e compreenda por si mesmo, tornando-se, com isso, independente de Buda ou dos Mestres.

Para alcançar esse saber, igual a um Satori da mais alta potência, são novamente necessários exercícios. Da mesma forma que antes, para conseguir o Satori, eram precisos exercícios especiais de concentração e de respiração, assim também agora são os exercícios que envolvem todo o ser do discípulo e o afetam, não apenas espiritualmente, mas na alma e no corpo. Por meio desses exercícios, ele deve conseguir resolver todas as contradições que ainda o deixam embaraçado, ainda que, ocasionalmente, com recaídas; isto como pressuposto de uma mudança que já não é mais obra sua, mas que aconteceu e será definitiva. Através de suas experiências infelizes, o monge zen torna-se ainda mais apto e disposto. Num sentido radical, o importante é ele despojar-se do eu, de tal modo que o eu não apareça mais como eu mesmo, nem como estado de ânimo, mas se torne uma grandeza desconhecida. O "Eu mesmo", como ponto de referência consciente ou secreto de toda a vivência cotidiana e de toda a experiência profissional, deve desaparecer.

Isso de forma alguma significa que o "eu" deva ser trocado ou substituído por um vago "nós". Pois mesmo as experiências em grupo ainda encaram a pessoa como uma individualidade, mesmo que ela não apresente uma reação pessoal ou personalizada diante dos fatos, reagindo muito mais de conformidade com o estilo e o ritmo do grupo. O "eu" deveria antes ser substituído por "aquilo".

Para começar, uma condição é suficiente: despojar-se do "eu" e da personalidade, no sentido de se tornar despersonalizado, o que não significa destituir-se do caráter.

Os exercícios, como evolução dos anteriores, devem conduzir a uma total impassibilidade. É válido observar impassivelmente tudo o que acontece e, mais ainda, o que *me* acontece, como se, no íntimo, nada me importasse. Isso significa, por exemplo, não me alegrar mais com a minha felicidade do que com a felicidade alheia. Quanto ao sofrimento que atinge os outros, devo senti-lo como se fosse meu. Ou até mesmo sentir sinceramente alegria pela felicidade alheia, embora ela me cause amargura (quando, por exemplo, foi dada preferência a outra pessoa); ou afligir-me com a tristeza alheia, mesmo que aquilo que motivou a dor alheia me cause alegria.

É compreensível que o discípulo de Buda não deva odiar, e que, por fim, nem consiga mais fazê-lo. Da mesma forma, ele não deve mais *amar* no sentido vulgar que se atribui a essa palavra e, finalmente, nem pode mais amar. No entanto, ele não fica insensível, indiferente. O discípulo permite que tudo e que todos partilhem, sem esperar retribuição, de sua maravilhosa capacidade de amar, que é desapaixonada, desinteressada e uniforme: ele ama apenas por amor ao amor. Isso não acontece por lhe causar prazer pessoal, ou por saciar um anseio íntimo, precisa fazê-lo devido a esse amor que transborda.

Esse amor, portanto, se pudermos chamá-lo de amor, que já não pode transformar-se em ódio, situa-se além do amor e do ódio. Não é como uma labareda ardente que em si própria se extingue, mas como uma tranquila incandescência que uniformemente se alimenta de si própria. Esse amor — que não conhece desilusão, mas não recebe estímulo exterior — esse amor em que se mesclam bondade, compaixão e gratidão, esse amor que não alicia, que não se impõe, que não exige, que não persegue nem inquieta, que não dá a fim de tomar, esse amor, por isso mesmo, possui um poder realmente admirável, porque nem a esse poder ele aspira. Ele é suave, meigo, enfim, irresistível. Mesmo as coisas inanimadas se abrem para ele, e os animais, que costumam ser medrosos e ariscos, confiam nele.

A partir daí, torna-se compreensível que o admirável amor à Natureza dos japoneses se tenha interligado ao Zen. Esse é um amor dirigido às formas mais puras e cândidas das coisas, é um amor que não pode nunca se transformar em ódio. Poderíamos apresentar muitos exemplos desse amor à Natureza. Basta lembrar-se a atitude dos japoneses para com as flores: eis o mais puro exemplo de amor sem reciprocidade. Não amo a flor por ela florescer para mim, mas por florescer independentemente de mim; alegro-me por ela existir, e não por ser minha.

Quem passa por essa escola — e como é importante o fato de quase todas as japonesas aprenderem Ikebana, a arte dos arranjos florais, e que mesmo os homens paguem seu tributo a essa arte, antigamente prerrogativa dos Samurais! — busca, por meio dela, alcançar uma posição incontrastável e obtém, mais tarde, as condições preliminares para um fecundo encontro com o Outro: para ser capaz de compreender o "outro" em si mesmo — independentemente de ser ele humanamente simpático ou não a mim —, e de poder fazê-lo com um olhar intuitivo, como um médico experiente examina o paciente. Assim, constitui-se a base em que a pessoa é descoberta no seu modo de ser, com tudo o que está oculto; e, apesar disso, ela não é mais repreendida, desprezada, mas sim tranquila e aceita pelo que ela é nesse momento. E quanto mais vigorosamente se desenvolve o campo de força do monge zen, tanto menos consegue o "outro" iludi-lo ou comportar-se de modo como quer parecer. O campo de força do monge zen torna-se o meio em que o "outro" se descontrai e se desdobra espontaneamente, um meio que ele intui e ao qual se entrega e transfere, para ser por ele orientado.

O monge zen, todavia, não adquire com isto o conhecimento de si mesmo neste contato com o "outro", mas revigora o "id" em si mesmo. Sente-se impelido por forças um pouco diferentes de si próprio.

O auxílio prestado por ele aos demais consiste simplesmente em "estar lá" sem nada fazer, mas numa atitude declaradamente espiritual e especialmente criadora, onde o material, o espiritual e o mental se diluem na unidade.

Ele influenciará o "outro" pelo próprio exemplo e ajudará como bom vizinho, e não com piedosa eloquência. Ele esperará até que a outra pessoa, admirada, peça um conselho. Ele talvez dê então as instruções, cumprindo seu dever fielmente, com abnegação e sabedoria. Ele não dissertará sobre o Zen, e, para conduzir "o outro" ao Caminho, esperará até que o terreno esteja preparado. Nesse momento, ele o esclarecerá sobre o erro básico de se considerar como o "centro" a que tudo devesse estar relacionado; sobre o erro de insistir em adaptar as coisas *à sua própria vontade*, em vez de *se adaptar a elas*, invertendo com isso a ordem natural da lei do mundo. Resumindo, o monge deixará o discípulo entregue aos exercícios pelos quais ele também já passou, e que o levarão com cuidado ao Caminho em que poderá perder a teimosia e ficar livre dos desejos veementes. É nisso que o ser humano se baseia para examinar o seu modo de ser, com tudo o que nele está oculto e controvertido, mas agora sem que haja censura e desprezo, mas aceitando-se tal como é nesse momento.

# Níveis Superiores

Através da preservação da santidade do seu coração, o adepto zen adquiriu nova base. O que ele assimilou anteriormente está consolidado e, com isso, realizou-se nele uma transformação íntima. Daí em diante, ele estará apto a novos exercícios de meditação, que prosseguem com mais facilidade e desembaraço. Assim, é possível arriscar uma mudança de estilo: a concentração sem tema determinado e, portanto, sem Koan. Pois ele já atingiu o ponto em que o espírito também permanece desperto sem tema; na verdade, permanece bem atento. Ele já não se orienta por uma determinada questão, mas toma por base a questão indizível, aquela questão final que não pode mais ser proposta por palavras. Já não se trata de iluminação "com respeito a" (através da contemplação), mas de iluminação por *integração na Unidade.*

O espírito de quem se concentra torna-se muito atento. Isto quer dizer o seguinte: não é apenas o espírito que desperta, porém, tudo o que faz parte de quem contempla — o corpo, os sentidos, o espírito —, em suma, tudo o que representa um papel no campo de força. Quem se concentra está lúcido e desperto, como quem espera ou como quem escuta, como se a sua vida dependesse do que ele percebe. Contudo, ele não escuta conscientemente (ou captaria coisas determinadas); ele escuta sem saber que escuta. Desse modo, está vazio de tudo, mas sem a consciência de haver se esvaziado. Trata-se de um estado realizável apenas por quem tem longa prática de meditação; só assim é possível ingressar nele. Observada de fora, uma pessoa em meditação parece morta. Vista de dentro, está numa situação de maior liberdade (de vazio) e de grande vivacidade; está tensa, concentrada, mas sem a tendência de se descarregar nas formas, porém com a tendência de ser incluída sem forma no campo de força de tudo o que é amorfo.

Pode acontecer que a pessoa totalmente concentrada se sinta como numa profunda escuridão, que brilha, que toca e que tenha vislumbres de luz. O que significam, de onde provêm, ele não sabe. Mas são visões intermediárias, que desaparecem e, aparentemente, não têm significado porque não produzem efeito. Depois delas, há abatimento, cansaço.

Mas logo, não se sabe como — será sonho? —, sucede o seguinte: um redemoinho nos envolve e arrebata para uma infinita profundidade, da qual somos subitamente arrojados, acordando. É um despertar repentino; não acontece pouco a pouco, e talvez seja acompanhado por suores.

Depois do despertar, não nos sentimos combalidos, como se tivéssemos de esfregar os olhos para espantar o sono; pelo contrário, sentimo-nos revigorados, como se nascêssemos de novo.

Somos, portanto, trazidos de volta ao mundo. Depois de repetir a experiência, comprovamos isso, e esse Satori se manifesta com a certeza de que aquilo que eu buscava está em *mim* e em todas *essas coisas*. *A verdade* é este mundo, *esta coisa que está aqui e não está aqui*, e *aquela coisa que está lá e não está lá*. Ou, em outras palavras: esta coisa é e, ao mesmo tempo, não é; ela é alguma coisa e, no entanto, não é *o ser*; ela não é nada, porém, não é *o nada*. Trata-se do Ser e do Nada, do Nada e do Ser: todos os conceitos estão certos, todos os conceitos estão errados uma vez imaginados ou enunciados.

Eu, portanto, sou e não sou. Este é o meu Ser e o meu Não ser. O bem é o mal, e o mal é o bem, e ao mesmo tempo não são. Ou ainda: o sagrado é profano e o profano é sagrado, e, no entanto, não são. Ou então: o sagrado e o profano, eis a verdade completa — a não verdade.

A reflexão se enreda, se enovela. Num estágio anterior, era assim, como se o contrário e o contrário do contrário fossem espécies diferentes, regiões separadas! Agora experimentou-se o seguinte: o contrário do contrário, assim como o contrário, *são* e *não são* na mesma medida. Nenhum é por si só: cada um é através do outro. Para onde quer que nos conduzam, não será ao panteísmo nem ao monoteísmo, não será a nenhum deus encerrado no mundo, nem a um deus sem mundo. É melhor deixar a reflexão de lado e, em compensação, é melhor viver!

Tudo afinal é simples como um brinquedo, e igualmente claro; e o homem está de plena posse de sua liberdade soberana. Essa liberdade não é a impassibilidade na alegria e na dor, no ódio e no amor, mas é a faculdade de sentir profundamente e, ainda assim, de ser independente sem se perder nisso nem ser absorvido por isso. E essa é a diferença, no que diz respeito à existência em ponto zero do estoico: estamos acima e dentro da existência e, por outro lado, não estamos. Quem chegou até esse ponto não é purificado através do sofrimento, nem é perturbado pelo ódio, nem estimulado pela alegria, nem se entrega por amor. Ele já presenteou a si mesmo, porque *ele* atingiu esse ponto.

O teor do seu comportamento é a bondade pura — a única coisa que aumenta na proporção em que é esbanjada — a serenidade e a confiança, o estímulo a ser orientado. Tudo o que vem é bem-vindo. Quem chegou a este ponto vive com pretensões mas despretensiosamente; soa comum e, todavia, incomum em tudo, pois é diferente em tudo. Age corretamente por instinto. É modesto, sem vaidade, não tem complexos, vive o dia presente, realizando-se completamente nele, deixando o futuro repousar nas trevas do destino. É amado pelas crianças e pelos cães. Mas não houve, no *Cristianismo primitivo*, situações semelhantes?

Desse modo, o adepto do Zen é uma personalidade pelo fato de ser impessoal. Ele não tem medo da morte, pois já se anulou tantas vezes. Sabe, também, que será conservado na morte — *sublatus*, *elevatus* e *conservatus* —, será aniquilado, elevado e conservado (como campo de força). A ideia da imortalidade não o preocupa mais.

O Caminho ainda não chegou ao fim; há muito que andar, restando sempre uma caminhada a ser feita, e pode bem ser que dela resultem novas experiências. Suponhamos que um desses adeptos seja uma exceção, tendo recebido um quinhão maior que o comum; segundo o preceito, se ele praticou conscienciosamente e se seu zelo não diminuiu, ele entrará numa nova modalidade de vivência que, após a indeterminação inicial, se manifestará qualitativamente diversa da precedente. Trata-se de um novo modo de ser no nada e do não ser no ser. Trata-se de uma nova modalidade de acontecimento que não pode ser dirigida. Isso acontece sem interferência por parte do adepto, e sua colaboração consistirá apenas em sua receptividade e em sua suscetibilidade.

Esse acontecimento enigmático só pode ser descrito segundo o seu próprio estilo e ritmo. Com isso não se atinge o âmago. Todas as imagens e comparações provêm de outras esferas. Quanto a isto, terá o místico muito a dizer, por ter muito que silenciar.

De início, a técnica da concentração está tão aperfeiçoada que, sob certas circunstâncias, poucos minutos bastam para obter a concentração total. Os observadores afirmam que não são acentuadas a expiração nem a inspiração; ambas são compensadas e equilibradas. Essa é a verdadeira respiração espiritual.

A veemência de ser arrancado e extraído do Nada (esse êxtase, propriamente dito) se atenua: o adepto do Zen consegue repousar durante mais tempo no âmago do Nada em que se concentrou. O Nada já não surge ao adepto como trevas luminosas, ou como um silêncio palpável; nada existe com que se possa expressá-lo. Ele se situa tão além do que se pode expressar, tão além da interpretação que o único modo de medi-lo é o silêncio inquebrantável.

Ele experimenta gradualmente uma interiorização. Não se sente como que elevado do primeiro grau, de onde tem de se acostumar à luz do dia e à variedade como uma circunstância simples; ele se sente como principiante que alcançou o segundo degrau no qual, despertado de um sonho inquietador, tenta lembrar-se, inutilmente, do que esqueceu pelo caminho, "do que abandonou no caminho", como dizem os Mestres, e agora procura por todos os lugares as coisas mundanas — isso se parece antes com o despertar de um sono reconfortante em que, abrindo os olhos, acha natural encontrar-se no ambiente conhecido e inalterado, como se essa iluminação não pudesse acontecer de outra maneira.

Esse é, portanto, o fator decisivo — e com isso só se menciona o modo, o estilo e o ritmo da experiência — e não o seu âmago. A pessoa volta sem solavancos ou abalos. Por assim dizer, integra-se na existência, como se não houvesse um salto daqui até lá e de lá até aqui.

Esse inesperado modo de experiência é inquietante. Procura-se o motivo em si mesmo; a concentração é insuficiente (pois ela se faz sentir de modo tão repentino!). Para isso a pessoa continua a exercitar-se com todas as faculdades conscientes; ela sabe que não adianta quebrar a cabeça. Foi necessário, entretanto, habituar-se a tanta coisa; por que não a isto? Mas também a concentração cuidadosamente preparada, quando nos protegemos contra as distrações, durante as horas que a precederem, não leva a nenhum resultado. Fica-se com essa experiência pouco clara.

O discípulo não pode fazer perguntas ao professor. Ele abandonou a direção. Na melhor das hipóteses, observaria sorrindo: é o *modo* do não modo! Assim, o adepto zen conta só consigo mesmo. Cada um dos próximos passos deve ser dado sem auxílio nem conselho. Apenas um grande Mestre poderia ajudar, mas ele, por princípio, também recusaria, por saber que o discípulo se encontra num momento crítico e decisivo. Se descobrir mais, saberá o que é o Mais Elevado. Se não, permanecerá simplesmente um técnico. O gênio se evidenciará acima de toda a técnica?

O homem estaria ilimitadamente só e isolado se não houvesse o afastamento que o intercepta e faz parar.

Deve seguir, portanto, o caminho despojado de desejos e intenções! Ele é desviado dessa preocupação — não por acaso, mas, como desde logo é preciso declarar, por força — através de uma experiência que ele realiza na vida cotidiana, sem levar em conta a sua formação, experiência tão estranha que ele passa a se preocupar com ela, e mais ainda com o caráter místico que essa experiência assumiu. Ela não lhe sobrevém com um impacto súbito, mas se insinua devagar e de modo a não deixar dúvidas quanto à sua interpretação. O monge zen faz a experiência em si próprio; aumenta seu acanhamento para intervir na vida de outra pessoa, como até então achara natural. Isso lhe parece tão grosseiro e destituído de tato quanto desacertado. Sente algo semelhante a uma aversão instintiva. E foi educado de tal modo que observa essas leves emoções sem nada empreender contra elas — talvez pela vocação ao seu dever. Escuta um *Daimonion* que o adverte e sente uma íntima inibição.

De onde vem isso? Será que nos cansamos do antigo fervor? Sem dúvida, pode-se dizer que, quanto mais experiência tivermos, tanto menos sofreremos com a infâmia e com a baixeza, e também não nos alegraremos com o que é bom e comovedor na natureza humana. Aceitaremos essas coisas da mesma forma como aceitamos as tempestades e as catástrofes. Serviria isso para impedir o monge zen de *prestar ajuda*?

Essa nova transição não pode ser atribuída a uma *skepsis* proveniente de uma experiência de vida mais extensa; toda vontade de prestar ajuda tem sempre valor passageiro. Aguça-se, apenas, aqui e ali. Em tempos calmos, pode parecer que, com isso, algo está sendo realizado. Nas crises, pelo contrário, fica evidente que permanece no homem o abismo até então oculto — e esse abismo se abre. Todo trabalho torna-se inútil.

Com isto impõe-se uma receosa pergunta: para que ocupar-se com aprimoramentos e mudanças de opinião? Não há para isso outras instâncias (educação, casa dos pais, escola, profissão, etc.)? Por que há de aqui se interpor o homem, arvorando-se em juiz de instituições mundanas?

Para o monge zen, só pode existir *uma* tarefa: possibilitar, suscitar uma mudança radical, sem se envolver *nisto ou naquilo*, mas cuidando apenas do que lhe diz respeito.

Mas só aqui se nota realmente a inibição, não da maneira visível até o momento. Não é por meio de conselhos, de referências importunas ou pelo apavoramento e pela preocupação que se prendem as outras pessoas. Não se sente mais o impulso de sair capturando almas, como se tal coisa fosse meritória ou como se a contagem das almas salvas tivesse importância.

Devo ajudar, só que eu não me dirijo aos outros; eu espero os outros até que, por si, busquem o meu auxílio; até que neles se acenda uma centelha de saudade da vida livre e espiritual, que resplandece além da obstinação. Não dou aos outros o que é meu, mas o que lhes pertence. É como se *eles* se servissem da minha força espiritual para se tornarem livres, e não eu, mas *eles* intervêm em sua própria vida, cortando-se na própria carne. Não é a minha palavra ou a minha ação, mas a minha própria existência que deve convencer. Quanto mais sem desejos e intenções, tanto mais serão atraídos os que, mesmo sem o saber, ardem numa secreta saudade. Contudo, ao se aproximarem de mim, eles não podem mais voltar atrás. É como se uma força irresistível se apoderasse de nós, envolvendo o outro por meu intermédio, repreendendo-o e dirigindo-o a mim. Apenas isso une e estabelece o contato autêntico que se aprofunda até o âmago do ser. Não haverá mais ilusão ou desilusão. Estabelece-se uma mudança duradoura e não uma disposição passageira de ânimo.

Cada vez mais aguda e irresistivelmente, impõe-se a compreensão de que transformar-se não depende da vontade própria — nem da pessoa que ajuda, nem da pessoa que recebe ajuda —, mas sim do destino e da sorte. Isso acontece para uns, quer queiram quer não, e é negado para outros, mesmo que para isso empreguem todas as suas energias. Os últimos podem ser os primeiros, os menores podem ser os maiores, se assim estiver previsto.

A inibição de interferir não significa abandonar despreocupadamente os outros a si próprios, mas — e nisto está contida a categoria inigualável deste auxílio — ajudar não ajudando e convencer não convencendo. Só desta maneira a ajuda se tornará perfeita. Essa ajuda até então era recebida do professor.

Assim, é feita uma seleção mais fundamentada e efetiva do que a realizada entre os discípulos no claustro. Disso se entende por que o Zen recusa os tipos de missão.

Essa experiência nova, relatada ainda agora, ficaria incompreensível e causaria preocupação durante algum tempo, não viesse ela de mãos dadas com uma outra, indubitavelmente muito oportuna, bastante compreensível e que, em primeiro lugar, tornasse transparente a estrutura dessa nova experiência.

Em relação à vida indiferenciada própria do meio ambiente, sempre constituiu uma característica sua renunciar a todas as categorias de julgamento. Isto é, por si, evidente. Poder aceitar com a mesma disposição o agradável e o desagradável (o agradável continua sendo sempre agradável; nós o aceitamos como aceitamos os caprichos do clima) sempre foi uma capacidade fundamental que nunca é suficientemente exercida.

Com isso, fica fundamentado e efetivado um comportamento tipicamente impessoal e objetivo. A respeito da capacidade de, com um simples olhar, descobrir e expressar a essência de tudo, já foi ocasionalmente assinalado e valorizado o seu significado para a Arte. Mas tal comportamento já existia fora e antes dessa mística budista; portanto, não é exclusivo do Zen. Porquanto a impassível recusa de julgar, bem como a abstração conceitual, são apenas os primeiros degraus para um comportamento peculiar de importância decisiva. É negativo dizer: isso está além do subjetivo-objetivo, do pessoal-impessoal. O observador não se relaciona subjetiva nem objetivamente com as coisas; ele absolutamente não se relaciona com elas. Ao observar, sente-se mais como se não fosse ele que reagisse às coisas, mas como se as coisas se observassem a si próprias, como se os seus sentidos servissem, por assim dizer, para que ele estivesse lá e alcançasse o máximo do sentimento de ser.

Isso está longe de ser vago e nebuloso. Pode ser que isso aconteça ao europeu, devido ao fato de ele não praticar exercícios preliminares e de não ter condições de imaginar ou de sentir esse estado; pode parecer que esse tipo de interiorização imediata seja, no sentido mais elevado, claro e inequívoco. Tanto que, pelo contrário, a percepção que se desintegra na consciência do observador e de um objeto, descartada como falha, deve parecer-lhe desfigurada.

Por isso, na interiorização imediata, apresenta-se uma dimensão singular do ser: o ambiente original, no sentido ontológico[10] em que tudo tem forma e sentido, situando-se este além de toda articulação teórica. Disso, porém, não trataremos aqui. Muito mais importante é o significado dessa interiorização imediata, em que o próprio ser parece se incluir, no que diz respeito a tudo o que possa ter consequência para a vida.

---

10. O destaque de "Ursphäre" foi a preocupação de E. Herrigel, em sua primeira grande pesquisa filosófica: *Urstoff und Urform*.

Quem estiver capacitado para experimentar e ser assim experimentado, mais depressa argumentará sobre as coisas do que falará de si mesmo. A mentalidade dos interesseiros, para quem tudo se baseia na vantagem pessoal, seria totalmente inexequível para o Zen-budista, mesmo que ela lhe fosse imposta. Ele já não está *livre*, pois, se pensar nisso, sente-se sob coação.

Essa orientação — a de ser justo para com as coisas — vem à luz, por exemplo, no princípio que rege os arranjos florais. Não se dispõem as flores segundo a própria opinião, mas de acordo com a característica das flores.

Permite-se que cada coisa chegue à sua plenitude como se tivesse direito a ela. E quem está apto a fazer isso é o monge zen, graças à sua experiência. Através dessa experiência, ele tem respeito por tudo o que existe, inclusive pelas coisas vivas, que ele aceita pelo que são e como são. O monge encontra essa plenitude sem impor a sua própria vontade, mas sem se deixar influenciar pela vontade dos outros (na medida em que existe essa vontade). Ele respeita a todos, como se o que neles se manifesta fosse a mesma essência que o integra e mantém. Tudo o que existe está contido no Um, em Deus, no Nada, no Tudo. Por isso é que o monge zen poderia aceitar como sua a fórmula do panteísmo.

Tudo isto parece claro e inequívoco; todavia, quanta coisa depõe contra, principalmente o que se relaciona com a humanidade (e basicamente apenas em relação a ela). Se a humanidade não fosse má, que necessidade haveria do Zen? Para que o trabalho severo sobre a própria personalidade, buscando estabelecer ligação com o coração do Ser? Nesse ponto, a reflexão perde o fio da meada. Não consegue clarear as trevas.

Igualmente incognoscível é o fato de a experiência mística tornar cada vez mais nítida essa estrutura: durante a concentração, no lugar do Ser aparece o Nada e, da mesma forma, no lugar do Nada aparece diretamente o Ser.

Até que certo dia, durante a execução da experiência, em que de Algo nos tornamos Nada e do Nada nos tornamos Algo, vem a iluminação: o Nada é diretamente o Tudo. Ele é, e ao mesmo tempo não é, diretamente o ser do que existe; ele é, ao mesmo tempo não é, diretamente o Nada.

É e não é isto aqui, e aquela coisa lá é e não é ela mesma. Resumindo: cada coisa, por si só, é e não é a expressão do Nada.

Eis, portanto, a verdade — tão simples!? Tão simples que, em oposição a isso, o sentido panteístico — embora falso — parece complicado.

Para isso, então, o esforço de uma vida inteira? Para deparar com algo tão simples? Sim, mas é preciso acrescentar: essa verdade está realmente na palma da mão. De sua exatidão, não resta a menor dúvida. Ela é *vista* na visão do não ver, no saber do não saber.

Quem tomou parte nessa experiência, a iluminação (na qual o Nada se ilumina), deixa de compreender o sentido do questionamento proposto pela curiosidade teórica: por que o Nada é o Ser do que É — e como do Nada resulta Algo? Como de Algo resulta o Nada — sabemos pela prática. Permanece, pois, a recusa de qualquer especulação. Quanto mais fácil for a experiência, tanto melhor. Também, neste caso, é deixá-la ser como ela é; não imaginar que é necessário acrescentar algo.

O monge zen é aberto para tudo e para todos, irrestritamente; ele não tem, sob nenhum aspecto, liames dogmáticos — *tampouco* quanto ao *conhecimento*. Não rejeita a *ratio*, principalmente por ela desempenhar seu papel na esfera mística.

Mesmo sob as mais simples condições, sua vida é extraordinariamente rica e espiritualmente repleta. O monge zen não pode ser de outro modo. Já não vive a "sua" vida; ele *é* a vida em suas possibilidades exteriores — ainda que, por outro lado, ele não seja essa vida. Ele não é *sustentado*; ele é quem *sustenta* tudo o que existe por *não sustentar*. Cada momento tem para ele o valor da eternidade. Ele vive totalmente na atualidade e no momento presente. Não no ontem, não no amanhã — e, por outro lado, também vive no ontem e no amanhã, na medida em que estes formam a moldura da existência humana, do transitório, do fugaz.

# A Prática Zen-budista

## *A Evolução do Discípulo Zen*

Na iniciação do discípulo ao Zen-budismo, chama-se a atenção dele para os mais simples assuntos da vida cotidiana, aumentando-se lentamente as exigências para exercícios que perdurarão durante anos.

A concentração, meta desejada desde o início, raramente é alcançada. O Caminho que conduz a ela deve ser preparado na meditação e nesta não deve haver sobrecarga inicial.

Só se exige uma condição: a dos Koans. (Os Koans não são inventados, mas constituem uma expressão de experiências realizadas que, porém, são paradoxalmente obscuras, de modo que não se pode perceber neles a experiência em si mesma.)

Uma vez que nos exercícios com Koans tudo o que teve valor até então é posto em dúvida (até mesmo a existência de Buda!), cresce no discípulo a inquietação e um certo mal-estar; pois, afinal, durante os exercícios, não sobra sequer o "eu que duvida". Tudo fica como que apagado e, contudo, isolado do meio ambiente.

Apenas uma coisa permanece firme: o Koan. Apenas uma coisa ocorre: "o pensamento".

Gradualmente, torna-se claro ao discípulo, nos exercícios, o esforço infecundo do seu modo de considerar o

Koan. Assim, não poderá surgir a solução. As meditações cansativas e o cismar sem sentido serão abandonados — com lentidão ou com pressa — até que apenas o Koan permaneça no campo visual do espírito. Há, portanto, apenas o Koan; não há mais nenhum "eu" a fazer perguntas.

Esta situação é apoiada pela respiração correta.

Nos intervalos, com seu inato conhecimento de almas, o Mestre examina o comportamento do praticante que confia cegamente nele, quer ele reconheça, quer desaprove seus esforços nesse caminho difícil e demorado.

A mudança ocorrida durante os exercícios do Koan descortina para o discípulo uma nova visão do mundo. Essa mudança encontra expressão na vida prática e revela-se nos seus gostos, nas suas atitudes cotidianas, na manifestação da Arte, etc.

Com essa renovação, também o recalcado "ato de pensar" começa a fluir: o discípulo deixa de pedir explicações; dali por diante, ele quer se esclarecer sobre muitas coisas, fazendo experiências de interpretação sobre a natureza dos fenômenos e da realidade, sobre a finalidade e o caráter instável das coisas, sobre a imutabilidade e a eternidade, sobre o que sustenta e o que é sustentado.

Sobre tudo isso, o Mestre não se manifesta. Ele até assume um ar de orgulho espiritual e aceita a hipótese de que a prática da meditação desliga o pensamento. Na verdade, o pensamento não deve absolutamente ser reprovado; porém, nesse estágio, existe um outro meio adequado que protege de exageros especulativos: — é aquele paciente "abandono pessoal", que é a raiz da tranquilidade zen-budista. Ela não chega logo para o adepto, mas deve ser aprendida em lições sucessivas, não raro dolorosas. As coisas devem atingir um ponto em que o discípulo não pergunta nem duvida, não calcula ou discorda, não espera nem desespera, mas vive confiantemente todos os momentos.

Para vivenciar o Satori, o adepto deve aprender especialmente a relaxar.

Após experimentar o Satori, ele precisa adaptar-se novamente à vida.

Aparecem, então, novas metas a alcançar, novas vivências e uma certa consciência na conduta da sua alma.

Assim também fica claro, por exemplo, que o mero êxtase místico leva à sua liberação individual, quando o discípulo não propõe a questão a respeito de uma vida fecunda.

Justamente por isso, o adepto tem de voltar aos trabalhos práticos, ligados a realidades palpáveis. Arranca-se, desse modo, o discípulo de suas reflexões, pois agora, em primeiro lugar, é preciso adaptá-lo às coisas e aos homens, fazer com que ele reconheça as suas peculiaridades — coisas simples, enquanto ele "deixa tudo acontecer". Ele deve manter-se aberto a tudo e a todos, e ser paciente e humilde com todos os que se aproximarem dele.

O adepto percebe logo o quanto lhe falta em equilíbrio espiritual e quanto sua vontade e obstinação se intrometem e importunam. Descobre sempre mais como, de modo diferente do das plantas e dos animais, ele perde a "natureza búdica", pela obstinação.

A atitude do Mestre transforma-se em preocupação para com a alma do discípulo. Perante ele, só vale o trabalho presente em si mesmo, e para esse trabalho ele não admite desculpas. Seu exemplo vivo atua de modo firme e descontraído sobre o discípulo. Persuasivo, o Mestre permanece por perto e percebe toda a emoção e inclinação do praticante. Este é repetidamente ameaçado pelo perigo da obstinação, da vontade própria, da necessidade de sobressair-se e do culto à personalidade. Pode surgir uma estranha propensão para fugir de tudo e refugiar-se na solidão. É importante que sejam então firmadas as relações com o mundo material, sem esquecer que o progresso interior não deve ser descuidado, pois é a fonte da qual flui toda a força.

Dessa maneira, se separam, daqui por diante, os exercícios de concentração sobre a libertação do mundo e de si mesmo da atividade mundana, numa compreensão amorosa mais intensiva da pura essência das coisas.

Para o peregrino zen avançado poderá seguir-se a concentração "sem tema".

Ela proporciona ao discípulo um bom adiantamento; o próprio Nada é examinado. Penetra-se na unidade do vazio, no grande silêncio.

E, todavia, tudo o que o cerca permanece igual ao que sempre foi: as flores se abrem e as ondas se quebram nas praias. Os olhos, porém, após a iluminação veem tudo sob nova luz. O céu e a terra tornam-se uma só coisa. O coração bate em concordância com o Ser e com o Não Ser, com o tempo e com a eternidade.

Olvida-se todo o "saber", no velho sentido; através do "não saber", o discípulo adquire vida nova. Ao retornar às origens, por onde for ele encontrará, simples e participando do amor, a dádiva de um Caminho mais feliz que se tornou mais fácil.

## *O Caminho dos Exercícios*

O zen-budista bem sabe o que deve cultivar, o que deve desaprender e o que precisa estimular. E sabe-o tão bem como o jardineiro que poda as suas árvores. Para começar, o monge zen não espera que o adepto tenha a mesma extensão de conhecimento que ele, monge, possui, mas deixa que o adepto o adquira paulatinamente. Ele sabe que não se pode exigir de pronto de uma alma não cultivada um conhecimento mais elevado. Assim é que se começa — com delicada compreensão para um insucesso — desde baixo, com simples serviços práticos e pequenos préstimos, os quais, com a obediência e a vontade de servir, exigem todo o tipo de paciência, humildade, perseverança e autodisciplina.

Nem mesmo os menores exercícios de autocontrole são indispensáveis na escala de exercícios destinados à obtenção da perfeição. Quando são falhos no começo, não se consegue atingir o fim. A finalidade desse comportamento é deduzir que tudo flui do Zen. Antes não se pode prever isto. Mesmo que nem todo adepto o atinja, ele fará a tentativa. Muito importante para a pessoa é o trabalho por si mesmo e aquilo a que ele leva.

Um pequeno exemplo é oportuno.

Certo dia, no Japão, um amigo de longa data nos visitou, um professor japonês de reconhecida fama. Exibimos-lhe um Tanzu (uma cômoda), guarnecido de tiras de metal muito bonitas, que havíamos comprado. Disse-nos ele que, se tivesse sido consultado antes, teria aconselhado uma execução ainda melhor do móvel, e com isto a conversa foi encerrada. Para o raciocínio europeu, a resposta pareceu correta. Nosso amigo, contudo, se repreendeu mais tarde severamente pela arrogância no acentuar o "eu". No dia seguinte, apareceu de cartola e cerimoniosamente vestido a fim de se desculpar formalmente pelo seu discurso irresponsável. Sua atitude, a princípio, foi incompreensível para nós, mas ele esclareceu que sua resposta havia sido um tanto presunçosa e que aquilo agora o perturbava. Com isso foi sentido de uma forma simples, honrada e sincera!

E tais emoções não são exclusivas de pessoas excepcionais.

## *Exercícios a Partir das Bases*

Os exercícios começam desde suas bases. A princípio, são tão primitivos quanto possível. Os Mestres zen não concordam com a afirmação segundo a qual o pequeno e insignificante pode ser descurado, contanto que se cuide do que é grande e decisivo e que se mantenha o freio firme na mão. Este erro causa danos irremediáveis. Quem é indisciplinado nas coisas pequenas, falha com frequência nas decisivas, sem contar que não existe critério seguro para julgar o que, num caso isolado, pode parecer pequeno e secundário ou importante e decisivo. Uma única palavra de ira, pronunciada com mau humor, pode causar o pior, além de ser impossível retirá-la. De nada adiantará lamentá-la depois. Ela foi pronunciada e seu efeito perdura. Mesmo se tiver sido apenas pensada e contida no último momento, ainda assim, como simples pensamento, como desejo reprimido, pode ser mais poderosa e nefasta do que comumente se pensa.

Tudo então depende não de reprimirmos, mas sim de esquecermos enfaticamente os primeiros indícios de impaciência, de mau humor e de cólera.

A alma, portanto, é submetida a um cuidadoso treinamento, em que do começo, etapa por etapa, é imprescindível a continuada autoanálise. Isso não conduz a um endurecimento espiritual e, de modo algum, à repressão de emoções valiosas. O mestre interfere, quando necessário. Foi por causa dessa dureza e inflexibilidade que o Budismo foi introduzido no círculo dos Samurais. O Bushido — o Caminho do Cavalheiro — só se tornou possível graças a esses pressupostos. Os artistas, célebres pelo seu desempenho, também se submeteram a esse treinamento.

## *Serenidade*

O japonês conhece perfeitamente a atitude da serenidade sem tê-la aprendido ou exercitado conscientemente.

A modelar atitude dos adultos, a educação, a tradição e a atmosfera da vida cotidiana estampam-se na mente infantil de modo incomparável e digno de admiração. Tal serenidade, de nenhum modo, é sintoma de indolência da alma ou de embotamento do espírito, como se poderia crer, depois de um exame superficial. Trata-se de uma força anímica-espiritual, com cujo auxílio é possível dominar a existência, de modo a torná-la mais feliz. O destino deverá desferir golpes excessivamente duros, se quiser fazer com que esses homens percam a calma ou se aniquilem.

Pelo contrário, a serenidade do zen-budista é de outra espécie. Como fruto de um treinamento prolongado e conscientemente cultivado, está longe de ficar sendo apenas uma atitude. Ela se transforma totalmente, nos seus traços básicos, num estado de ânimo adquirido.

O zen-budista é sereno por se ter abandonado incondicionalmente à orientação do Mestre. Assim, a cada dia, tornou-se mais fácil percorrer passo a passo o Caminho prescrito, vivendo apenas no presente sem se preocupar com o amanhã. Ele se deixou persuadir de que não alcançará por suas próprias forças a meta da iluminação e do novo nascimento, e de que não pode forçar-lhes a eclosão; deve, portanto, prescindir da ajuda dos sentimentos, do entendimento e da vontade, se não quiser naufragar lamentavelmente.

A serenidade, que o antigo adepto atingiu por meio de exercícios intermináveis, é apenas a sombra daquela serenidade final que não pode ser aprendida nem perdida, e que é concedida ao iluminado no seu renascimento; é a serenidade que ele sente sem compreender, que o acompanha em todos os caminhos e durante os seus afazeres. Ele não vive mais de si mesmo, pois tudo o que era seu, pessoal e característico, submergiu para reaparecer vivo, sob nova forma e sentido. Ele vive da verdade universal ou, como dizem os zen-budistas, da sua "natureza búdica". Ela é o nome, a razão destituída de forma, a raiz desinteressada do "Si-mesmo", que imediatamente se torna ativa ao ser descoberta na iluminação.

## *Iluminação, Renascimento, Natureza Búdica*

A iluminação sobrevém subitamente e produz o efeito de uma catástrofe espiritual, e com isso concordam todos os iluminados. O autoconhecimento, a razão, a virtude, a consciência, as convicções e os valores, sobre os quais estava assentada a sua vida, tornam-se inúteis, de uma hora para outra. Não são mantidos em suspenso, nem à guisa de prova, nem com ressalvas, ou sujeitos a revogação; são extintos, como se jamais houvessem existido. Tão irresistível é o poder de mudança da iluminação que parece que a vida do iluminado passou para outra dimensão, aberta a novas e insuspeitadas possibilidades.

E, com esse renascimento, o discípulo toma consciência, simultaneamente, daquilo que ele é no âmago do seu ser: toma conhecimento da sua natureza búdica, como é chamada pelos zen-budistas. (Seria contrário a um estado inequívoco de coisas tentar caracterizar essa natureza como "melhor" ou chamá-la de "ego" ou de "superego". Em seu âmbito primitivo, ela não inclui o "eu" ou o "Si mesmo". Essa natureza primitiva é, antes, a própria razão desinteressada, a razão sem nome e sem forma do próprio ser.)

Quanto à questão da constituição da natureza búdica, responderá talvez o monge zen que ela é imóvel — caso ele ache melhor não se esquivar às discussões abstratas. Se, no entanto, buscarmos estabelecer isso com firmeza e indicar as dificuldades dialéticas do relacionamento entre essas bases imóveis da alma com a sua mobilidade íntima, o monge zen fará um decidido movimento de mão, interrompendo toda essa conversa e explicando que, da natureza búdica, não se pode declarar que possua mobilidade ou imobilidade. Não se trata de uma coisa nem de outra; ela é ambas e ao mesmo tempo não é. Pode-se apenas experimentar o que ela é, e jamais compreender ou explicar isso em pensamento.

## *A Alegria e a Compaixão Compartilhadas*

O zen-budista mantém-se completamente alheio, e disso provém, na vida sentimental, a confiança e a estabilidade. Ele se alegra ou se entristece como se não fosse "ele" quem se alegrasse ou se entristecesse. Ele se sente como quando respira: não é "ele" quem respira, como se o respirar dependesse dele e de seu assentimento; ele é respirado e, com isso, eleva-se a sua visão consciente.

Agora, o prazer é principalmente o "meu" prazer; o desprazer torna-se presente apenas como o "meu" desprazer, ou a alegria, enquanto me torna feliz, ou a dor, enquanto me atormenta. Mas é precisamente nessa correlação com o eu que os sentimentos se tornam suspeitos para o iluminado. Enquanto esses sentimentos permanecem relacionados com o eu, trata-se de aparências superficiais que nada têm a ver com a base da sua existência. Eles só o sensibilizam e comovem, até o mais fundo do seu ser, quando ele estiver em estado de senti-los por uma indescritível iluminação do entendimento, como expressão exclusiva do prazer ou do tormento — e não da sua existência pessoal. Ele saberá, assim, que não é "ele" quem se alegra ou sofre, como por um acontecimento altamente subjetivo, individual e fatal, que não tem valor para o mundo, ele saberá que, pelo contrário, é o mundo — o Ser abrangente do que existe — que nele e através dele se alegra ou se entristece. O que isso quer significar é algo que sempre será malcompreendido, enquanto existir a crença de que a sensação de ser aparece como resultado de uma interpretação do pensamento, como se a sua raiz fosse a reflexão. Absolutamente, não é este o caso. Aqui nada é afirmado, raciocinado, arquivado; aqui existe simplesmente o sentimento, a visão e a compreensão do modo pelo qual o iluminado está em condições de sentir, de ver e de conceber. Nada pode ser conseguido através do entendimento. Aqui se situa a divisa intransponível dos raciocínios, mesmo dos raciocínios inteligentes. O sentimento sem palavras, todavia, quando não é movimento superficial, mas brota das profundezas do coração humano, derruba todas as barreiras, até mesmo no íntimo das crianças mudas, arrebatando-lhes o ser oculto, tanto assim que o ser humano, já atingido pelo que lhe é ofertado, vislumbra a ilimitada afinidade de todos os seres vivos, não alcançada por seu entendimento e não percebida pela consciência de si mesmo.

## *Laconismo*

Existe a tentação de considerar o zen-budista como pobre de sentimentos, senão absolutamente insensível. Não, decerto, por ele permanecer comovido, no mais profundo do seu ser. Tampouco se percebe essa impassibilidade no seu semblante, da mesma forma que a superfície do mar não revela a calma que existe em suas profundezas. Isso acontece pelo fato de o zen-budista se acautelar contra a exibição de seus sentimentos por não gostar de revelá-los com palavras.

Sob este laconismo ocultam-se diversos motivos.

Em primeiro lugar, a recusa, conscientemente cultivada e depois tornada instintiva, contra o exagero desonesto. O zen-budista conhece, devido à sua carreira, o perigo ligado à expressão dos sentimentos: o de dizer mais do que se sente e, portanto, o de revelar menos quanto mais se falar. Por outro lado, ele tem o ouvido aguçado demais para que lhe possa escapar a facilidade com que nos livramos de sentimentos importunos, pelo fato de manifestá-los. Se dissermos a quem sofreu uma grande dor como nos solidarizamos com o seu sofrimento, ao sentirmos que essa pessoa se sente compreendida e confortada, então achamos, depressa demais, que pela mera manifestação do nosso sentimento já lhe fizemos justiça. Assim que essa pessoa sai do campo da nossa visão, deixamos de pensar nela, a não ser de vez em quando, e nos voltamos, impassíveis, para os nossos próprios afazeres: com isso, destruímos o sentido característico da emoção e nos tornamos cada vez mais insensíveis. Porém, afinal — e aqui surge o motivo decisivo — o zen-budista está longe de restringir-se à alegria e à compaixão apenas para com os *homens* e para com aquilo que se liga à existência humana. Ele abrange, com esse sentimento, *tudo* o que vive e, portanto, também os animais e as plantas, sem excluir os mais insignificantes entre estes. Diante deles, a palavra permanece impotente. E mesmo quando alguns desses seres não são insensíveis ao som da voz humana ou apenas obedecem as ordens dadas pelo dono, cuja voz reconhecem com espantosa sensibilidade, ainda assim o monge não desiste de obter uma resposta.

## *Comunicação com Todos os Seres*

A circunstância de a palavra lançar pontes de homem a homem, contudo, não nos deve seduzir a ponto de negligenciarmos ou mesmo desprezarmos as riquezas da vida em que a palavra não constitui liame nem suscita contato vivo mas, ao contrário, cava abismos, como se aquilo que não se alcança no nível humano existisse apenas provisoriamente e, por isso, não devesse ser tido na conta de essencial.

Os sentimentos, portanto, não sofrem nada por não serem chamados pelo nome. Ganham muito em intimidade e intensidade quando são sentidos pela pessoa sem serem expressos por palavras. O zen-budista realiza a comprovada experiência de que existe uma *comunicação fundamental* que encerra todas as formas de vida e, portanto, também o âmbito da vida humana, comunicação que, devido à sua imediatidade, renuncia — aliás, tem de renunciar — ao caminho das palavras, das comunicações e do intercâmbio verbal. Só assim torna-se compreensível o fato de o zen-budista não considerar apenas uma bela crença e sim uma mera realidade experimental o fato de os sentimentos autênticos transporem todas as barreiras erguidas pelo entendimento. Ainda mais importante, e até decisivo, é o fato de a alegria e a compaixão compartilhadas não serem para ele, obrigatoriamente, sentimentos privados que assinalem ou determinem seu nível de alma-espírito, permanecendo sem efeito e desaparecendo depois, como se jamais tivessem existido. Ao contrário — como afirmam repetidamente as experiências — sua existência, enquanto ocorre, transforma o semblante do mundo. O zen-budista contenta-se em ter sentimentos e em cultivá-los. Ele não os reprime para seu prazer pessoal, mas permite que se manifestem livremente sem tentar reprimi-los. Ele não observa apenas o sofrimento ou a alegria dos outros, mas comprova-os e revigora-os através da força de seus próprios sentimentos — que naturalmente não são seus — para que eles se desenvolvam na sua potencialidade máxima.

De acordo com o seu contato impessoal com o meio ambiente, o zen-budista entende que será bem-sucedido na vida se também empreender a convivência consigo mesmo, de maneira certa e aprimorada. Ele saberá por experiência que ser feliz é uma arte e não um destino imerecido, e que é possível aprender essa arte galgando-a degrau por degrau. Para a correta orientação da sua existência, é recomendável que fique bem claro para ele o que "ele próprio" é na realidade; que aprenda a conhecer não apenas o que o circunda, mas a considerar impessoalmente também a si próprio; e não só o Ser do que existe e que não é ele, mas igualmente o Ser do que existe e que é ele próprio.

Enquanto compreende isso, ele perguntará pelo "Ser" do que existe e, deste, pela Verdade abrangente, da qual procede tudo o que existe e, portanto, também ele próprio.

O Caminho que será percorrido pelo zen-budista, a fim de obter uma resposta, não será aqui objeto de exame. Só podemos adiantar o seguinte: essa resposta, se por sorte o consulente a recebesse, estaria ligada à experiência, de que nenhum esforço de interpretação — por mais fundamentado que seja, por mais sabiamente conduzido e por mais perseverante que seja — leva ao conhecimento da Verdade e à sabedoria definitiva.

Aprender a verdade nada mais é, e nada menos, que ser apanhado por ela além do próprio pensamento. Para esse fato experimental, quase obrigatório, o zen-budista cunhou a noção de "iluminação" (Satori) e por ela entende o fundamental acontecimento que é o "transbordamento". Indescritível em sua origem, não deduzível, o Satori, pelo seu conteúdo, tem efeito irresistível e contra ele não prevalece o hábito adquirido nem a mais aguda reflexão. O eu sensível aos sentimentos, de modo inexplicável e irresistível, torna-se transparente, principalmente para as situações da existência que nele se reúnem e se tornam claras.

A extensão da transformação interior que leva a semelhante transparência quase não pode ser determinada. Desde que a pessoa transformada tenha deixado a antiga autoconsciência errônea, ela abandona a ilusão de que deveria *buscar* o contato com pessoas fora de sua própria comunidade, como se o âmbito de seus relacionamentos humanos dependesse dela, de sua boa vontade e de sua escolha. Ao contrário, é através da iluminação, que penetrou em seu íntimo, que ela se liga a *todas* as pessoas do mundo e, na verdade, a todos os *seres vivos*, e isso sem esforço de sua parte e de modo misterioso; e assim todo relacionamento buscado ou iniciado é apenas, na verdade, evidência dessa conexão original.

## A Compreensão do Monge Zen

O modo pelo qual a iluminação, quando atinge o adepto, influencia os contatos dele com o ambiente e consigo mesmo já foi explicado aqui. Mas como ele se porta ao ajudar os outros? Quanto à alegria e à compaixão compartilhadas — já esclarecemos.

A *autêntica* alegria impessoal já é arte, que quase ninguém compreende por si. Mais difícil, porém, é a arte do sofrimento. Mesmo quem já passou por muitas dores corre risco de errar o caminho. Pois a dor tem um sentido oculto só evidenciado àquele que consegue opor-lhe resistência.

E, para resistir à dor de um modo correto, o zen-budista permanece ao lado de quem sofre.

Quando o zen-budista, e especialmente o monge zen, aceitar um sofredor assaltado pelo medo e sem condições de enfrentar a dor, ele o visitará repetidamente. Mas não o fará com a intenção de proporcionar-lhe cuidados e de distraí-lo e, sim, de se interessar intimamente por ele. Ele o fará enquanto conseguir induzi-lo a expor sua dor e — na medida de seu alcance — a adquirir consciência da mesma. Ele dará a entender à pessoa que sofre que não se resiste ao sofrimento fechando-se obstinadamente ou entregando-se desesperadamente a ele.

O monge zen o advertirá para que não se deixe consolar a fim de esquecer a dor, nem espere uma cura pelo *tempo*. Sua cura só advirá se ele aceitar seu destino e assumir serenamente o que este lhe impõe, sem indagar por que, logo a ele, coube tamanho sofrimento. Quem conseguir isto — embora cheio de dúvidas — desenvolve-se na dor e dela se livra, aprendendo cada vez mais a abstrair-se do fato de tratar-se da sua própria dor.

O zen-budista deixará bem claro que, nessa libertação, a cura é preparada e desenvolvida na medida da sensibilidade da pessoa em relação à dor dos *estranhos*, onde quer que a encontre e quanto mais impessoal for a sua participação e a sua compaixão. Esta compaixão será, portanto, de uma espécie bem diversa da compaixão estudada e superficial, puramente emocional, daquela participação na dor estranha que, se facilmente despertada, logo será dissipada, permanecendo basicamente sem efeito por ser muito impessoal. A compaixão autêntica, ao contrário, estabelece entre os homens um profundo e íntimo liame, que não depende de palavras e que age tanto entre os seres humanos como entre todos os seres vivos. O sentido peculiar ao sofrimento — conforme assinalará o monge zen — revela-se apenas para aquele que ingressou pelo caminho certo na arte da compaixão.

As indicações sobre esta arte o monge zen as dará à pessoa que sofre — mas sem dizê-lo diretamente e sem fazer pregações.

Quando, através dessa revelação, o critério da pessoa que sofre despertar e seu ouvido se afinar, ela notará que nem a fuga à existência nem a negação da sua dor podem proporcionar-lhe o desprendimento.

Se a pessoa entregue a si mesma revelar que está tentando adaptar-se ao seu destino, mostrando-se pronta a aceitá-lo, permitindo que este se cumpra de acordo com suas leis, nesse caso, quem a estiver orientando continuará a fazê-lo. Responderá às suas perguntas, conversando sobre elas, sem, entretanto, dar mais do que simples indicações.

Mais essencial que a conversação, seja qual for a sua forma, surge algo de muito diferente: o monge zen emudecerá aos poucos e, afinal, por longo espaço de tempo, permanecerá calado, sentado e profundamente imerso na concentração. O notável é que o outro não sentirá esse silêncio como passivo, ou como monótono e vazio, um silêncio que inquieta em vez de acalmar. Ao contrário, para ele, esse silêncio será mais valioso do que muitas palavras. Ele se sentirá como que imerso num campo de força do qual fluíssem para ele novas energias. Ou como se uma selva escura e sem saída aparente se iluminasse. Ele se sentirá invadido por uma confiança singular, mesmo quando o visitante tenha-se afastado há tempos. E, talvez, nessas horas felizes nasça o propósito que transformará uma existência miserável numa vida bem-aventurada.

## *O Zen-budista no Mundo, na Vida e no Cotidiano*

O zen-budista sabe que há formas de comportamento que devem ser determinadas e mesmo orientadas de fora para dentro, se é que deseja uma vida em comum suportavelmente organizada e isenta de atritos pessoais. Sabe-se que há uma determinação da vontade, proveniente do íntimo, que costuma ser moralmente excelente. Por isso, mais decididamente ele proíbe a si mesmo de interpretar a compaixão solícita como um mandamento a que o homem, por motivos técnicos ou morais, se submeteria. A pessoa que assumiu uma posição sobre a compaixão, aceitando-a como um mandamento e optando desde o início por ela, já tomou, a respeito, uma decisão talvez um tanto negativa. A compaixão encontra e preenche a sua finalidade específica apenas quando é uma manifestação espontânea de um estado de ânimo ou de espírito ocasionado pelo Zen, e ela acontece por si mesma, sem motivação, como ocorre com a respiração: só nesse caso ela é um sentimento vivo, capaz de curar. No sentido bem radical, esse é o caso de quem "se sabe" compassivo, porém ainda *não é* compassivo, ou então *não é mais* compassivo. Dessa maneira, nenhum homem verdadeiramente compassivo poderá achar os seus atos de compaixão dignos de mérito. Isso lhe pareceria tão desacertado como se ele fosse escolhido pelo fato de respirar. E como nenhuma pessoa que respira pode dizer que "ela" é quem respira — já que "é" respirada — o verdadeiro compassivo não pode dizer que "ele" é quem sente compaixão pelos outros, como se essa compaixão lhe pudesse ser creditada.

Pelo contrário, é como se lhe *acontecesse* sofrer cada vez que encontrasse uma pessoa que sofre, quisesse ele ou não. Com maior razão, só pode se interessar pela dor alheia quem é profundamente despreocupado.

Embora o zen-budista se esforce incansavelmente em seu caminho no sentido de se depreender de sua vontade própria e do impulso fatal de se afirmar como "eu", ele ainda não voltou as costas para o mundo nem fugiu dele. Ao contrário, ele se firma solidamente nesse mundo, seja qual for a sua constituição, e o aceita como destino, não se importando com as circunstâncias em que é acolhido para poder aperfeiçoar a própria existência. Se ele se comporta dessa forma, não é por opinião preconcebida ou por instrução exterior, mas fundamentado em inequívocas experiências do Zen. Elas lhe tornam claro que o que desde sempre existiu, a existência do ser, é a sua própria manifestação. Esse relacionamento original torna-se independente e é vivenciado em suas múltiplas modalidades, tornando-se evidente mesmo quando algo que existe como *vida humana* se houver afastado tanto do ser, a ponto de parecer ter desmentido sua origem no ser.

Em vista dessa aceitação da verdade, o zen-budista prepara consciencioso e pontualmente o seu trabalho. O que ele inicia é levado até o fim e com isso ele desenvolve uma surpreendente energia e resistência; o que ele se propõe é levado até a conclusão, e para isso ele não se atém ao relógio.

O trabalho, todavia, não se lhe afigura como o conteúdo decisivo da vida. Ele deseja ter, todos os dias, um tempo livre para si, não para desperdiçá-lo ruidosamente, mas para recolher-se na tranquilidade, para empunhar o arco e a flecha ou para arranjar as flores, pintar ou concentrar-se na arte budista. Ele não o faz para confirmar sua força de trabalho ou para aumentar a vontade de trabalhar. Ao contrário, isso tem a ver com o Caminho que ele deve percorrer como zen-budista, o Caminho para si próprio e para além de si próprio.

Ainda que se alegre quando progride em seus negócios, quando é bem-sucedido e seus esforços são reconhecidos, ele está muito longe de considerar o êxito exterior como medida para avaliar-se como pessoa. Pois o que vale para o artista vale para qualquer outro trabalhador: é o trabalho invisível e interior que decide sobre a sua categoria humana; um mendigo, visto de dentro, pode ser um rei, e um rei, pelo contrário, pode ser uma nulidade. Não há zen-budista que julgue uma pessoa pelo êxito mundano, ou que se deixe iludir por resultados sugestivos. As pessoas orgulhosas e que causam nos outros essa impressão, e esperam receosamente, observando se passam despercebidas ou não, parecem perdidas para o Zen; nenhum Mestre pode curá-las, a não ser que sejam derrubadas dessa sua altivez por algum golpe duro do destino.

Para o zen-budista, o valor interior significa esforço diário e exercício cotidiano. Assim ele permanece diariamente, a cada hora, em seu Caminho; ele vive na simplicidade da sua alma e na plenitude do seu coração, além do tempo e, todavia, no tempo, com a Vida, o Destino e a Morte.

# O Zen Visto da Europa

## *Paciência e Autodomínio nas Pequenas Coisas*

Em primeiro lugar, as pequenas coisas devem ser mantidas sob disciplina. Deve-se começar por elas, pondo em ordem o que é menos importante, a fim de aumentar a força com que se dominarão as grandes coisas.

Para o europeu, é espantoso e quase inacreditável o tempo que é despendido no abrandamento e no domínio de manifestações que, no máximo, podem ser denominadas menos belas. Bate-se a porta quando se está mal-humorado. No Extremo Oriente, porém, isso não é tido como sintoma de bom caráter, ou como expressão de uma personalidade forte, nem mesmo como um deslize que não se leva a sério. No Japão, quem fizer isso não estará, como o europeu, achando que agiu corretamente ou, na melhor das hipóteses, desculpando-se, e dizendo: fui traído pelos meus nervos. Em vez disso, ele volta à porta, abre-a e fecha-a novamente, devagarzinho, dizendo a ela: peço desculpas. Daí em diante, sem que o perceba, ele dará atenção ao modo pelo qual fecha as portas. Ou, se recebe um pacote e, cheio de curiosidade, rasga o papel e arrebenta o barbante, recorda-se tarde demais de como a curiosidade e a impaciência lhe fazem mal. No futuro, saberá conter-se, desamarrará cuidadosamente o barbante, retirará o papel e o deixará, muito bem dobrado, de lado, para só então passar ao conteúdo. Ou, se espera uma carta importante e ela chega — como é fácil ceder ao impulso de rasgar o envelope para lê-la de imediato! Se isso acontece, o oriental se controla e põe de lado a carta esperada, voltando-se para outra coisa, até vencer a pressa e esquecê-la; mais tarde, ao retomá-la, ele a abrirá como se o envelope fosse algo precioso.

Dirá o europeu que para tudo isso é necessário tempo. Mas os orientais não têm tempo; eles tomam o tempo! Dirá o europeu: "Quanta preocupação!" Não, o que eles desejam é ser despreocupados! E o europeu perguntará: "Em que resulta isso tudo?" O resultado é que os orientais são pacientes; os que são controlados nas mínimas coisas sem importância, também manterão o controle nos problemas grandes e decisivos.

O europeu nada mais tem a fazer que observar a si próprio, e a seus iguais, para verificar como o homem do Extremo Oriente evoluiu e tornou excelente esse método que, na verdade, não está subordinado a pequenas ninharias.

## *O Zen não Tem Compulsão pelo Poder ou pela Propaganda*

O monge, um Mestre, espera até que o procurem. Ele aprendeu a ser capaz de esperar. Todavia, ele atrai magicamente os que passam a vida na necessidade. Não aceita a todos de braços abertos. Quando, porém, o Mestre elege um discípulo para o Caminho zen, o que decide essa primeira escolha é o progresso e o desenvolvimento dele. Quanto mais lento for o amadurecimento, melhor. O Zen não é confirmado pelo número de adeptos. Os que falham é porque não podem evitá-lo. E quem indaga, ao compreender quanto o Zen é incompreensível, se aproxima da Verdade.

## *A Escola Zen do Ponto de Vista do Europeu*

Por mais misteriosa, inimaginável e inexprimível que possa ser a experiência mística a ser alcançada, o caminho que conduz a ela não deve ser nem misterioso, nem inimaginável, nem inexprimível. Para todos os que tiverem boa vontade, ele deve ser transitável, ainda que só em alguns trechos e segundo a determinação do destino. Reina, portanto, no Zen, uma objetividade que desperta confiança. E não é de admirar que, por isso mesmo, o Caminho deva ser esquemática e tematicamente decomposto em passos isolados, cujo aprendizado e domínio será mecânico. E assim subsiste, efetivamente, um treinamento que dá a impressão de ser espiritualmente falho. Mas tudo deve dar certo, com incondicional exatidão.

Ao europeu — não ao japonês — logo se torna doloroso o fato de o professor não tomar conhecimento, durante a instrução, das características pessoais do estudante. Eles não permitem formas especiais de desenvolvimento, nem as consequências desse desenvolvimento diferenciado;

eles suprimem essas formas, tornam-nas desprezíveis, medindo todas com a mesma medida.

Para compreender isto, de nada adianta dizer que os japoneses são muito impessoais. Pelo contrário, os Mestres sabem perfeitamente bem que existem diferenças individuais profundas, mas não ignoram — e nisto se diferenciam dos europeus — em que ocasião elas devem ser trazidas à luz, no âmbito da mística, para serem não só toleradas, mas autorizadas; de qualquer modo, isso não deve ocorrer no caminho que tem como objetivo a experiência mística, caso em que se deve negar e tornar inócuo e sem forças tudo o que for individual e pessoal; a fim de afastar as barreiras e estabelecer o completo "vazio" também no que for mais íntimo. Torna-se com isso questionável, no mais alto sentido, o fato de a singularidade com que somos dotados pela Natureza possuir uma categoria e um valor "pessoais". Ora, os Mestres negam isso — a meu ver — com inteira razão. Todas essas "arestas e ângulos", de que tanto nos orgulhamos, talvez sejam realmente "impessoais". Os professores conseguem realizar esse treinamento, essa disciplina aparentemente destituída de espírito, apoiados na sua assombrosa experiência psicológica — uma vez que já percorreram o mesmo Caminho —, experiência que põe à sua disposição um tesouro amealhado durante séculos. Desse ponto de vista, os grandes Mestres apresentam resultados tão extraordinários quanto incríveis. O aluno que duvidar da capacidade do Mestre para ver a sua alma até o âmago mais profundo ficará imediatamente sabendo que em vão — consciente ou inconscientemente — ele se coloca na defensiva. Mas, na realidade, no Japão, o discípulo raramente se coloca em tal situação. A veneração sem reservas pelo Mestre está, por assim dizer, no seu sangue; isso faz parte da tradição do Extremo Oriente. O Mestre lhe oferece o que tem de melhor, o que será igualmente o melhor para o aluno — e o melhor que possui, sob o ponto de vista espiritual. Esse melhor constitui-se, não tanto de pensamentos que se desprendem e deixam esquecer quem os produziu, mas, em grande parte, da plenitude espiritual que apenas quem é experiente possui e, por conseguinte, não provém dele próprio.

Quando o aluno puder fazer as próprias experiências, agradecerá por isso, principalmente ao seu professor. Para o Mestre, o destino do aluno é tão valioso e importante como o seu próprio destino. O professor não se aproveita da cega crença do aluno em sua capacidade para dirigi-lo por belas palavras; ele se sacrifica pelo próprio trabalho na dedicação ao seu sagrado mister. O Mestre sempre tem tempo para o discípulo — o que é bom evidenciar.

O discípulo, portanto, dedica-lhe inteira confiança e acredita nele com fervor juvenil, jura por suas palavras e a ele se entrega incondicionalmente. O Mestre sabe e sente que, na verdade, o agradecimento, a veneração, a confiança e o amor do discípulo não são dirigidos à sua pessoa, pois a plenitude da sua força não provém dele mesmo e do que fez de si próprio pelos seus esforços, mas da *unio*. Por conseguinte, ele não se envaidece. Mas, tampouco, proíbe a veneração; aceita-a com um sorriso, pois o discípulo, enquanto sob a direção espiritual do Mestre, embora se esforce, não tem ainda com quem se relacionar de todo o coração (e quando tiver, esse relacionamento não consistirá para ele um relacionamento de confiança e crença, e sim de saber!). Mas, igualmente, quando o aluno não conseguir esse último relacionamento, seu agradecimento e veneração continuarão por toda a vida (a crença permanecerá sem objetivo).

Exija o Mestre o que exigir — o discípulo o fará. E não pelas exterioridades e pelas aparências adquiridas, ou pela diligência da ambição (que cedo desaparece, longe da escola), mas por um impulso interior. Para compreender isso é necessário saber como os alunos entre si se referem ao Mestre com uma espécie de santo constrangimento. Para eles, o Mestre é modelo e protótipo; os olhos dos discípulos, justamente por isso, sensíveis e penetrantes, não descobrem nele nenhuma falha, embora convivam com ele dia após dia. Ai deles se assim não fosse! Dentro do discípulo desabaria todo um mundo; e o professor, tivesse ele consciência de um erro seu, embora insignificante, abandonaria de boa mente seu alto posto, ou antes, renunciaria a dirigir os outros. Neste caminho longo e semeado de abdicações surgem embaraços, desilusões e insucessos com tanta frequência que se o discípulo não mantiver pelo professor um sentimento de confiança cega e se não confirmar constantemente a justiça do Mestre, ele acabará por desistir. Apenas essa crença sustenta o aluno; não a convicção de alcançar o objetivo, mas a de que o professor o orienta corretamente — até onde ele estiver destinado a chegar.

E se ele, antes de alcançar seu objetivo, tivesse que se deter, saberia, no entanto, como o sabem tantos, que o ter percorrido pelo menos um trecho desse Caminho valeu por uma vida. O que, na verdade, o sustenta não é, portanto, a própria crença no objetivo (que permanece longínquo e ainda inatingível); essa crença adquire eficácia apenas através do professor. Assim, a confiança no Mestre é, indiretamente, a crença no objetivo.

Ao englobar tudo isso — a esquematização do Caminho, a mecanização do ensino, o comportamento entre Mestre e discípulo — se compreenderá por que, no Extremo Oriente, no âmbito da mística, desde o início, "se deu importância ao aprendizado". É que lá o homem não tinha condições de abandonar, ao acaso, nem o Caminho, nem a experiência da verdade, nem a vida do iniciado, mas tinha de optar pela instrução planejada e pelo exercício da influência. As escolas e a instrução mística como tais jamais existiram no Oriente, nem mesmo como experiência inicial. Exceto no caso das épocas de misticismo, quando era necessário esperar até que um mestre místico caísse do céu, e que, como um meteoro, desaparecesse, após luzir brevemente. Os apontamentos por ele deixados seriam talvez muito lidos e admirados durante algum tempo, e não permaneceriam sem influência para uma pequena e afeiçoada comunidade. Mas esta, a longo prazo, só se poderia manter pelo estímulo recebido, tomando cada um o que pudesse até que, finalmente, a comunidade se dividisse na interpretação das palavras do Mestre. Esse Mestre teria inflamado os corações, mas a chama acesa por ele se apagaria por não ter sido colocada no Caminho que, pela própria experiência, formaria um material que nenhuma chama jamais extinguiria.

Talvez o europeu, na antevisão do Caminho zen sofresse um golpe; ele teria muito que aprender e toparia com problemas teóricos. Talvez o egocentrismo do homem. E quanto a esse egocentrismo, o que diria?

## *O Egocentrismo do Ser Humano*

Não há dúvida de que o egocentrismo pertence ao ser humano como as asas aos pássaros. Até aqui ele está certo. Não obstante, prepara-se no homem uma queda precisamente por causa dele, através dele. Enquanto o homem aprende a diferenciar fundamentalmente tudo o que não é ele próprio e não lhe pertence, faz-se sentir a tensão entre o "eu" e o "não eu", como uma contradição. Tudo o que deve ser defrontado como objetivo leva — e mais ainda, se conscientemente — a excluir-se o eu, isto é, a deixá-lo fora daquilo com que se defronta. Quanto ao pensamento, essa atitude é correta. O pensamento é a ponte para a realização de uma vida com horizontes mais amplos, para se defrontar e fazer justiça à multiplicidade das configurações da existência, até a mais ínfima unidade, sem com isso perder de vista o todo. Assim, a individualidade humana poderá contrair-se, estreitar-se e alargar-se infinitamente.

Mas semelhante atitude se transfere agora para todos os modos de comportamento; portanto, também para aqueles em que o "eu" não se situa em perpétua confrontação, mas se desmancha no "não eu" e desaparece. É impossível negar, todavia, que mesmo o europeu, às vezes, se coloca impessoalmente a serviço de uma causa. Mas esse desprendimento é consciente e ele gosta que o reconheçam. Até o seu amor, ele exige que lhe seja devolvido enriquecido, na medida do desprendimento de sua reserva. Quanto mais um homem estiver presente, como ele mesmo, em tudo o que pensa, contempla, sente, ama ou odeia, tanto mais ele sentirá essa consciência do existir como distinção e como missão; e quanto mais ele se sentir responsável pelo que faz e exerce, tanto mais prontamente se porá a enaltecer o "eu". Quer ele saiba ou não, isso se infiltra em tudo, perturbando e destruindo o sensível relacionamento entre ele mesmo e a multiplicidade da existência. Portanto, tudo o que ele compreende e capta desde o início está deteriorado. O Caminho do homem para dentro de si próprio, esse aventuroso e arriscado caminho, será íngreme. O respeito a tudo o que existe, só pelo fato de existir, ele desaprende na medida em que deseja ser um *eu*. Ele gira sobre si mesmo; em sua preocupação consigo mesmo; acaba por revelar que a temática de sua vida é o bem-estar, é a sua preocupação com o que lhe causa dor, alegria, sofrimento, com o que lhe confere valor, poder e honrarias. Ele sente a convicção orgulhosa de ter organizado tudo, de ter limitado a influência do incalculável e do caótico na sua própria vida. A isso ele denomina progresso, cultura!

Quando, às vezes, seu coração se contrai de medo, ele toma essa sensação por uma indisposição importuna que seu bom-senso deveria dominar. E mesmo essa indisposição importuna não o perturba, nem deixa que, confuso, ele preste atenção para ver se os seus sonhos são desmentidos pela luz do dia.

Voltado para si mesmo, ele quer ser um Eu por esforço próprio. Ele denomina isso caráter e personalidade: está louco para viver de seu centro, quer ser esse centro. É um centro, que ora aqui, ora ali, foi ontem, e hoje e será amanhã, e que finalmente reclama a mais dignificante das mortes. Diante desse limite e exagerando suas possibilidades, ele muda sua postura para uma de pronunciada maldade; sua coragem de viver transforma-se em arrogância e em orgulho. Mesmo que o desejassem, esses homens não podem entender como são imperfeitos, pois seus corações estão endurecidos. Nisso reside o mais profundo motivo pelo qual o Zen-budismo renuncia à ressurreição, bem como a formar uma imagem dos homens como eles deveriam ser e a acreditar no poder das palavras.

Essas são e continuam a ser palavras que, embora produzam comichão nos ouvidos, não penetram no coração. Os monges zen conhecem apenas duas maneiras, que se correspondem, de comunicação: de um lado, a de oferecer um exemplo convincente e, de outro, a de esperar. Esperar que, em algum lugar, um coração se enterneça, sinta nostalgia, que, por estar extraviado, procure por si mesmo o contato com outra forma de vida. Só então, utilizando-se dos seus recursos, o monge zen se volta para ele a fim de reconduzi-lo ao caminho.

## *O Caminho do Regresso*

Esse é um caminho de volta radical, visando a esse regresso. Não se trata de reformar aqui e ali no que diz respeito à educação, à instrução ou às circunstâncias da vida; trata-se, porém, de negar tudo, de questionar tudo radicalmente, invertendo todo um estilo de vida. Isso acontece duramente e sem poupar ninguém. Quem não conseguir acompanhar o ritmo, cai no meio do caminho. Ao Zen não interessa quantos monges chegam ao destino. Quem se estatelar no caminho precisa esperar até que seu *desejo* seja bastante forte para dominar todos os obstáculos. Com meias medidas não se vence a batalha. Os meios zen-budistas são piores que os adversários do Zen, são piores que as pessoas neutras.

Que existe um Caminho cujo método nasceu de um sem-número de experiências e de provas, esta é a grande e profunda descoberta do Extremo Oriente. Para Buda, porém, o Caminho é a quintessência, como também e, com maior razão, para o Zen-budismo.

O Extremo Oriente levou muitos séculos para desenvolver um método, particularmente o Zen-budismo japonês, que assumiu a liderança, com o resultado de que no Japão, ao contrário do que aconteceu na China, o Zen-budismo permaneceu vivo. Passaram-se séculos na pesquisa do espírito e da alma do homem, a fim de que se pudesse orientá-lo. Mas não com imposições. A ideia de domínio seria uma não ideia. Assim como no Extremo Oriente não se pensa em dominar o mundo exterior ou a Natureza, tornando-os servis — pois, por esse motivo não desenvolveram nem conhecimento nem técnicas, apenas importaram algumas —, da mesma forma não se pensa em dominar os homens usando meios mentais e espirituais, adquirindo poder sobre eles, vinculando-os de modo a transformar o Zen-budismo numa potência exterior. Quem entrar pelo Caminho zen — quando já tiver percorrido uma boa distância — será abandonado a si próprio. Que esteja apto ou não para o Zen, é indiferente. O importante é o que ele faz, ou o que ele é como zen. O importante é que consiga viver da Verdade, que tudo envolve, como se estivesse unido a ela; que retorne à Casa da Verdade e viva de si mesmo, como se fosse vivido, e que seja vivido, enquanto vive de si mesmo, de tal modo que a liberdade e a necessidade sejam para ele uma só coisa.

## *A Diferença entre o Zen em cada uma das Artes e o Método do Caminho Zen*

Situa-se aqui a diferença entre o zen em cada uma das Artes e o Método do Caminho zen. Aqui também está a diferença que existe entre o Zen que se manifesta em cada arte específica e o método do Caminho zen. Em cada uma dessas artes visa-se a uma descontração física e espiritual, ao lado de uma mudança interior, que não será tão radical como a do Zen propriamente dito. Nesse caso, acontece um recuo do egocentrismo exagerado, mas não a seu aniquilamento total. Todavia, cada uma dessas artes ultrapassa sua própria expressão, sendo um caminho que conduz ao Zen, a arte destituída de arte, que aprimora esse caminho. O Caminho zen pode se valer do resultado dessas artes.

## *O Centro do Ser*

Quando na interiorização do ser humano, sua queda abre caminho a partir do Centro, seu egocentrismo como tal ainda está inteiramente integrado no ser humano, como as asas no pássaro ou como a copa na árvore. Não tem, por conseguinte, nada de suspeito em si; nada que regule a excentricidade da existência humana. Apenas o seu mau uso leva a suspeitar dele. O mesmo se aplica à tensão fundamental entre o eu e o não eu, com seu agitado jogo de mudanças de relacionamento e de separação, cujo resultado é o progressivo conflito da dicotomia do ser, no âmbito subjetivo-objetivo — de tal modo que, quanto mais progride a arte da diferenciação, tanto mais enigmático aparenta ser o modo como esse ser se adapta a essas duas categorias.

Uma falsa especulação generalizada está pressurosamente empenhada em solucionar o enigma que julga situar-se na duplicidade sujeito-objeto, a base da decadência humana.

O sagrado Ser que repousa em si próprio é tocado através da consciência que desperta e da sua própria poderosa consciência, ressurgindo depois em imagens distorcidas. Enfrentando a dicotomia, a contradição e a desarmonia, aparece, então, a inquebrantada unidade do *sujeito-objeto-identidade*, como o fenômeno original do Ser, que está sobrecarregado de misticismo.

Por mais certo que possa ser, apontar como hipótese a identidade das diferenças, a unidade da multiplicidade, a indiferenciação do diferenciado e a compatibilidade do incompatível, muito pouca relevância mística têm esses pares de opostos. Uma vez que o entendimento não pode imaginar a Identidade, seria em meio à dualidade (o que não pode ainda ser afirmado) que se opera a interiorização mística do objeto-tema.

Para o zen-budista, que não se deixa perturbar por proposições especulativas, a própria mística situa-se, não apenas além do múltiplo, do contraditório e do diferenciado, mas igualmente além dos pares de opostos, que são a unidade-multiplicidade, a identidade-diversidade e a compatibilidade-incompatibilidade. Isso não pode ser afirmado porque contraria experiências místicas muito claras, reproduzindo-as, nesse caso, de modo desfigurado.

Se o Zen-budismo considerasse importante, para a exposição deste problema, expressar-se aqui, apoiado no uso da terminologia, poderia fazê-lo precisamente do seguinte modo: o *centro do ser* situa-se, até aqui, *além* da unidade-multiplicidade, da identidade-diversidade e, no entanto, não se situa além delas. E, como situar-se *além e não além* disto é igualmente uma contradição, acrescentar-se-ia como explicação: o centro do ser não é nem um nem outro, nem ambos, e absolutamente não pode ser descrito por meio do pensamento. Quem desejar saber o que ele é, deve percorrer o Caminho zen — não existe outra alternativa.

## *Decadência e Plenitude do Ser Humano*

Como se dá a decadência do homem? Sua decadência se inicia, em primeiro lugar, porque ele deixa passar despercebido ou então entende mal o que, na verdade, se espera dele. Nenhuma outra criatura se importa tanto como ele em viver despreocupadamente desde o centro do seu ser, além de, nesse tipo de vida, tentar compreender o sentido oculto de toda a existência. A ele se apresenta a mais ampla possibilidade de romper o círculo encantado da sua individualidade, de estar em contato íntimo com tudo o que existe, de encontrar em cada estranho um parente, de, no parente, ver a si mesmo e, nesse si mesmo, avistar o centro do que existe, de modo que ele tanto vive como é vivido. Todos os seres e coisas abaixo do ser humano não vivem: são vividos. Com uma certeza de sonâmbulos, eles entram para uma existência voltada para si mesmos; e, para eles, nenhuma relação em que encontrem é transparente. Falta-lhes a faculdade de se abrir e de permanecer abertos, de conquistar ou de serem conquistados. O que quer que façam ou deixem de fazer não lhes traz consequências. Nesse tipo de vida indefinida, eles são felizes, limitados a si mesmos, não chegando, contudo, a usufruir essa existência.

Para os seres humanos, ao contrário, existe a nova e inaudita lei, que estabelece que ele cumpra a promessa inerente de seu ser: a de se inclinar para todos os outros seres e abraçá-los com amor, onde e como os encontrar. Trata-se de um amor que não calcula nem avalia; ele se prodigaliza e, ao fazer isso, se enriquece e aprofunda. Só assim, passo a passo, consegue ele *libertar-se* da severa prisão da individualidade, na qual está encantado, como os animais e as plantas. Ser-lhe-á finalmente restituído aquilo que ele é: o *Coração* da existência, que é a manifestação do ser.

O que o ser humano sofre, o que o alegra, ele consegue divulgar com palavras, exteriorizando o que lhe acontece. No entanto, mais essencial é o fato de ele sofrer com a dor alheia, de se alegrar com a alegria do próximo e com isso ele estabelece um vínculo que, se não fosse por ele, deixaria de existir. Mais ainda: é essencial que ele abrace com as suas inclinações e com o seu amor não só a tudo o que vive, mas igualmente a tudo o que parece não ter vida, a tudo o que aparenta não ter mais que uma existência material. A *Veneração* por tudo o que existe é a fórmula do Zen-budismo, e nela se oculta o *Segredo do Zen*.

## *O Papel do Pensamento*

As mais audaciosas construções podem não descobrir nem postular, pelos Caminhos do pensamento, o que apenas por meio da experiência mística pode ser oferecido e imediatamente compreendido. O Zen-budismo, apenas como complemento e prosseguimento da experiência mística, não nega ao pensamento a possibilidade de se apoderar do conteúdo místico. Mas, quanto à afirmações consequentes disso, só quem passou pela experiência pode lidar com elas e, portanto, conviver com elas. Quem, todavia, não passou pela experiência e, ao buscá-la, deu de encontro com o sentimento da desesperança e nele se aprofundou, sentiu os efeitos de um veneno.

Assim, em oposição ao *múltiplo*, situar-se-ia a *unidade perfeita*; à *diversidade*, a *identidade*; à *incompatibilidade*, a *compatibilidade* do Ser — o que, também para o Zen-budismo, teria um sentido bom e aceitavelmente legítimo. Mas o Zen-budismo — fundamentando na própria experiência — não está disposto, em nenhuma circunstância, a considerar o incompatível, o indiferenciado e o idêntico *Um* como mais original que o diferenciado, o compatível e o múltiplo, cumulando-o, por isso, de *honras místicas*. Decerto, também para ele, a incompatibilidade se situa além de toda compatibilidade provável, mas, por essa mesma razão, se encontra ainda *em oposição*, é ainda parte de uma tensão da qual a incompatibilidade não está isenta. Se por isso um zen-budista achasse importante assumir uma posição no que diz respeito ao tema da incompatibilidade, talvez dissesse: o centro do ser está além de toda oposição ao se situar nela, e está *na* oposição ao se situar além dela. O ser está isento de contradições e, no entanto, está repleto de contradições. Ou, para expressar isto de outro modo: o Um e o múltiplo, o indiferenciado e o diferenciado, o compatível e o incompatível estão perto e igualmente longe do centro do Ser; são, eles próprios, esse centro, e não são esse centro, tudo de uma só vez.

Para quem não procura a salvação, a não ser por meio do pensamento, tais fórmulas parecem obscuras e destituídas de sentido; se as levasse a sério, deixaria de existir. Quem, no entanto, sentiu o âmago do Ser em sua própria pessoa, examinará até seus fundamentos, seu relacionamento com Ele, numa única e longa expiração: não mais se admirará de não se poder partilhar o que é tão simples e transparente, a não ser sob fórmulas de difícil entendimento. Compreenderá então por que os Mestres zen, além de evitar toda referência a isso, se recusam, por ser perigoso, estimular os alunos a fazerem por si uma experiência tão decisiva que solucionaria de um só golpe todos os enigmas.

## *Justiça e Amor*

Quando a mudança realizada por tais experiências nos leva ao ponto de tratarmos com justiça todos os seres com quem nos encontramos, é como se, através dos homens, as coisas se revelassem tornando-se visíveis e evidentes. Então será como se "a árvore cantasse e a pedra dançasse"

— mas só para o *justo* perfeito, que pode "ver com os ouvidos e ouvir com os olhos".[11] Quem conseguir isso saberá amar. Apenas no solo do amor cresce e floresce esta justiça. Assim acontece que, aceitando desse modo todos os seres, como o são em essência, eles não se inclinam a mantê-los num isolamento onde morreriam congelados. Essa justiça, vivida em *amor*, abrangente, viverá na unidade do Ser, pelo reconhecimento de sua multiforme diferenciação; e, com penetrante *justiça*, esse amor perceberá, através de todas as capacidades formais, o sopro criador da *Unidade do Ser.*

11. Trata-se aqui de circunscrever o incompatível na vivência do Satori. Encontra-se um paralelo a isso em *A arte cavalheiresca do arqueiro zen*, e *Viver do Zen*, de D. T. Suzuki. Prefácio de E. Herrigel, pp. 163-64. Transcrevemos aqui e interpretamos uma poesia de Suzuki, cujos primeiros versos são:

Quando vês com os ouvidos
E, com os olhos, ouves...

# Notas Biográficas

Como filósofo, Eugen Herrigel partiu do neokantianismo. Herrigel foi aluno de Wildelband e esteve em estreito contato filosófico com Emil Lask, formando-se com Heirrich Rickert em 1923. Ao retornar da I Guerra Mundial, previu, antes mesmo de se formar, que sua próxima tarefa seria a publicação das obras póstumas de seu amigo Emil Lask, morto durante a guerra.

O lugar de Herrigel no movimento kantiano do nosso século foi apreciado pelo historiador de filosofia da Universidade de Würzburg, Hans Meyer, em sua obra *Weltanschauung der Gegenwart*. Pareceu-lhe significativo o fato de, em sua primeira grande obra, Herrigel passar além da tradição kantiana, para os fenômenos originais do sentido absoluto da esfera vital, parando no ponto em que se propõe a questão do Ser absoluto. A segunda obra de Herrigel, *Die metaphysische Form*, representa um distanciamento de Kant, na direção de uma visão profunda da metafísica. Essa publicação foi quase simultânea com o livro de Martin Heidegger, *Kant und das Problem der Metaphysik*. Naquele tempo, o surgimento de duas imagens diametralmente opostas sobre Kant causou tal sensação que um livro de Erich Przywara, sob o título de

*Kant heute*, assumiu a tarefa de confrontar as opiniões de Herrigel e Heidegger. A mesma temática foi retomada por este católico estudioso da filosofia da religião, numa obra monumental, *Humanitas,* publicada pela editora Glock-und-Lutz, de Nuremberg.

Em seu magistério, Herrigel tratou, do ponto de vista histórico e sistemático, de todo o panorama da filosofia europeia. Contudo, durante a sua atividade como professor, o ponto essencial de seu interesse como filósofo — sem que este se sobressaísse tematicamente, situando-se num primeiro plano — era a *Mística.* A partir de outros pressupostos e não apenas dos da sabedoria teórica, ele pode ser considerado o seu melhor conhecedor.

Em seu livro *A arte cavalheiresca do arqueiro zen*, sua publicação mais conhecida, Herrigel relata que, como estudante, já se ocupara com a mística, movido por um impulso secreto, apesar de a tendência daquela época não mostrar interesse por esses assuntos; o mero estudo dos escritos e das fontes literárias sobre o tema não lhe bastara.

Logo após sua admissão ao magistério, na Universidade Heidelberg, foi-lhe oferecido o posto de professor na Imperial Universidade de Tohoku, Sendai, no Japão, onde ensinaria História da Filosofia. Herrigel saudou alegremente a oportunidade de conhecer a terra e o povo do Japão, mesmo porque, através disto, oferecia-se a perspectiva de se ligar à prática da concentração e a mística viva de que lá se cuidava.

Após quase seis anos de muito bem-sucedido magistério no Japão, durante o qual ele fora nomeado professor-extraordinário da Universidade de Heidelberg, e depois do reconhecimento da dignidade que lhe emprestara um título de doutor honorário (*Bungaku Hakushi*) japonês, Herrigel foi chamado à cátedra de Filosofia Sistemática da Universidade de Erlangen.

O magistério que então lhe coube não foi diminuído em efeito e extensão por lhe serem confiadas tarefas administrativas. Foi nomeado membro da Academia de Ciências da Baviera. Seus amigos japoneses, porém, o arrastaram novamente para o Japão. No verão de 1941, foi-lhe novamente concedido permissão para viajar, a fim de assumir o recém-criado posto de professor convidado, no Japão. Os acontecimentos decorrentes da guerra, porém, anularam a execução desse plano.

O relacionamento de Herrigel com o Japão iniciou-se nas seguintes circunstâncias:

No ano de 1921, encontravam-se em Heidelberg alguns japoneses, a fim de estudar na Universidade; entre eles, Shûej Ohasama (editor do livro *Zen, o budismo vivo no Japão*, publicado mais tarde), e Amano, um professor de Filosofia. O convívio com esses japoneses despertou em Herrigel o interesse pelo caráter do Extremo Oriente e a atitude perante a vida. De bom grado acedeu ao desejo de seus amigos japoneses para ler e discutir com eles a obra dos filósofos alemães.

O modo como entrou para o círculo encantado do Zen-budismo, descreve-o o próprio Herrigel:

"Nos primeiros tempos de minha estada no Japão, foi certa vez combinado um encontro com colegas japoneses. Depois de um passeio por Tóquio, tomamos chá num restaurante, no 5º andar de um hotel.

"Ouviu-se subitamente um trovejar profundo e todos sentiram sob os pés uma lenta ondulação. Cada vez mais, nitidamente, ouvia-se um oscilar, um crepitar, um tintilar de objetos. Cresciam perceptivelmente a inquietação e o alvoroço. Muitos dos hóspedes, principalmente os europeus, precipitaram-se afobados para as saídas, para as escadas, para os elevadores. Era um terremoto e guardavam ainda forte lembrança de outro, terrível, poucos anos antes! Também eu dera um salto: queria ir para onde houvesse céu aberto. Eu já ia dizer ao colega com quem me encontrava que se apressasse, quando notei, para meu espanto, que ele continuava sentado, imóvel, mãos cruzadas, olhos quase cerrados, como se aquilo tudo não lhe dissesse respeito. Não era como se ele hesitasse, irresoluto, ou como se não se tivesse ainda decidido; era como se, calmamente, fizesse ou deixasse de fazer algo perfeitamente natural. Seu aspecto era tão espantoso e marcante que eu, em vez de abandoná-lo a si mesmo, me detive — cheio de um sentimento de pavor e pasmo — para logo sentar-me diante dele, fixando-o, sem me perguntar o que significava aquilo ou se era recomendável ficar ali. Eu estava como que fascinado e — não sei por que — sentia que nada poderia me acontecer. Decorreram assim longos minutos de terror. Passado o terremoto, que deve ter durado bastante, ele retomou a conversa exatamente no ponto em que a havíamos interrompido, sem tocar no que se havia passado, nem com uma só palavra. Eu, porém, não estava em condições de ouvir com atenção, e é possível que lhe tenha dado respostas sem nexo. Ainda sentindo nos membros o susto pelo que acabava de passar, eu me perguntava o que me havia impedido de correr dali para fora. Por que não cedera a esse impulso instintivo? Mas não achei resposta que me tranquilizasse.

"Somente alguns dias mais tarde, soube que esse colega japonês era um zen-budista e, por certas revelações, pude deduzir que ele entrara num estado de extrema concentração e, com isso, se tornara inacessível.

"Na verdade, eu já lera e ouvira muita coisa sobre o Zen, mas não podia afirmar que entendera suas vagas noções. A perspectiva de introduzir-me no Zen — que tanto facilitara a resolução de viajar para o Japão — transformou-se, com este acontecimento decisivo, num propósito firme de fazê-lo sem demora, a fim de estudar o assunto mais de perto. Entretanto, atrapalhava-me no caminho a mística zen, que conduzia ao Zen através da inacessibilidade. O que me produzira impressão não fora tanto essa atitude imponente e inabalável, e tive a ideia de que ela também poderia ser alcançada por outros meios, sem que houvesse necessidade de ir buscá-la no Extremo Oriente.

“Essas minhas pretensões, todavia, fizeram com que eu viesse a saber que se infiltrar alguém no Zen não era assim tão simples, visto que o Zen não possuía dogmas ou ensinamentos próprios. Aconselharam-me depois que recorresse a uma arte, pois as artes recebiam poderosa influência zen.

“Segui esse conselho. No livro *A arte cavalheiresca do arqueiro zen* falei acerca dessa disciplina.”

Até aqui, apresentamos a narração autêntica. No mesmo livro, Herrigel relata como, depois disso, fora-lhe concedido acesso à prática da concentração e à mística.